Tucholsky Wagner Zola Scott Sydow Freud Schlegel
Turgenev Wallace Fonatne
Twain Walther von der Vogelweide Fouqué Friedrich II. von Preußen
Weber Freiligrath
Kant Ernst Frey
Fechner Fichte Weiße Rose von Fallersleben Richthofen Frommel
Hölderlin
Engels Fielding Eichendorff Tacitus Dumas
Fehrs Faber Flaubert
Eliasberg Ebner Eschenbach
Feuerbach Maximilian I. von Habsburg Fock Zweig
Eliot Vergil
Ewald
Goethe London
Elisabeth von Österreich
Mendelssohn Balzac Shakespeare Dostojewski Ganghofer
Lichtenberg Rathenau Doyle Gjellerup
Trackl Stevenson Hambruch
Mommsen Tolstoi Lenz Droste-Hülshoff
Thoma Hanrieder
von Arnim Hägele Hauff Humboldt
Dach Verne
Reuter Rousseau Hagen Hauptmann Gautier
Karrillon Garschin
Defoe Baudelaire
Damaschke Hebbel
Descartes
Hegel Kussmaul Herder
Wolfram von Eschenbach Dickens Schopenhauer
Darwin Melville Rilke George
Bronner Grimm Jerome
Campe Horváth Aristoteles Bebel Proust
Bismarck Vigny Barlach Voltaire Federer Herodot
Gengenbach Heine
Storm Casanova Tersteegen Grillparzer Georgy
Chamberlain Lessing Langbein Gilm Gryphius
Brentano Lafontaine
Strachwitz Claudius Schiller Kralik Iffland Sokrates
Bellamy Schilling
Katharina II. von Rußland Gerstäcker Raabe Gibbon Tschechow
Löns Hesse Hoffmann Gogol Wilde Vulpius
Gleim
Luther Heym Hofmannsthal Klee Hölty Morgenstern Goedicke
Roth Heyse Klopstock Kleist
Luxemburg Puschkin Homer Mörike Musil
La Roche Horaz
Machiavelli Kierkegaard Kraft Kraus
Navarra Aurel Musset
Lamprecht Kind Kirchhoff Hugo Moltke
Nestroy Marie de France
Laotse Ipsen Liebknecht
Nietzsche Nansen Ringelnatz
Marx Lassalle Gorki Klett Leibniz
von Ossietzky
May vom Stein Lawrence Irving
Petalozzi Knigge
Platon Kafka
Pückler Michelangelo Kock
Sachs Poe
Liebermann Korolenko
de Sade Praetorius Mistral Zetkin

Der Verlag tredition aus Hamburg veröffentlicht in der Reihe **TREDITION CLASSICS** Werke aus mehr als zwei Jahrtausenden. Diese waren zu einem Großteil vergriffen oder nur noch antiquarisch erhältlich.

Symbolfigur für **TREDITION CLASSICS** ist Johannes Gutenberg (1400 — 1468), der Erfinder des Buchdrucks mit Metalllettern und der Druckerpresse.

Mit der Buchreihe **TREDITION CLASSICS** verfolgt tredition das Ziel, tausende Klassiker der Weltliteratur verschiedener Sprachen wieder als gedruckte Bücher aufzulegen – und das weltweit!

Die Buchreihe dient zur Bewahrung der Literatur und Förderung der Kultur. Sie trägt so dazu bei, dass viele tausend Werke nicht in Vergessenheit geraten.

Juniuslieder

Emanuel Geibel

Impressum

Autor: Emanuel Geibel
Umschlagkonzept: toepferschumann, Berlin

Verlag: tredition GmbH, Hamburg
ISBN: 978-3-8424-8985-1
Printed in Germany

Emanuel Geibel

Juniuslieder

(1848)

Lieder.

Sei getrost!

Sei getrost! Sei getrost und ob die Stunden
Rascher Jugend dir verweht!
Hast du doch in dir gefunden,
Was unalternd fortbesteht:
Kannst du ringend doch gestalten,
Was der Geist dir reichlich gibt,
Kannst im Lied die Liebe halten –
Selig ist, wer schafft und liebte

Nimmer nun des Segels Schwinge
Stell' ich aus ins weite Meer;
Denn gewaltig zieht die Dinge
Frommer Liebeszwang mir her.
Alle Wunder, die ich ferne
Suchte, trägt der Heimat Schoß;
Und so segn' ich meine Sterne,
Und so preis' ich still mein Los.

Frühmorgens.

Ich weiß nicht, säuselt' in den Bäumen
Des Frühlings Zauberlied zu Nacht?
Aus unerklärlich holden Träumen
Bin früh und frisch ich heut erwacht.
Der Morgen weht mit goldner Schwinge
Mir um die Stirn den kühlen Schein;
Noch möcht' ich rasten, doch ich singe,
Mein Herz ist wie der Himmel rein.

In süßen Schauern rührt sich wieder,
Was je geblüht in meiner Brust,
Und alte Liebe, junge Lieder
Empfind' ich in vereinter Lust,
So wie der Schwan, der seine Bogen
Auf blauem Wasser kreisend zieht,
Zugleich im Spiegelglanz der Wogen
Den Himmel mit den Sternen sieht.

Kriegslied.

Und wenn uns nichts mehr übrig blieb,
So blieb uns doch ein Schwert,
Das zorngemut mit scharfem Hieb
Dem Trutz des Fremdlings wehrt;
So blieb die Schlacht als letzt Gericht
Auf Leben und auf Tod;
Und wenn die Not nicht Eisen bricht,
Das Eisen bricht die Not.

Wohlauf, du kleine Schar, wohlauf,
Vertrau auf Gott, den Herrn!
Es geht ein Stern am Himmel auf,
Das ist der Freiheit Stern.
Als wie ein Frühlingssturm erbraust
Der Völker Aufgebot;
Da fährt aus Eisen jede Faust,
Das Eisen bricht die Not.

Und ob der fremden Söldner Schar
Wie Dünensand sich mehrt:
Getrost, je größer die Gefahr,
Je höher Herz und Schwert!
Und ob aus seiner Höllenburg
Der Teufel selber droht:
Ein kühner Mut geht mitten durch,
Das Eisen bricht die Not.

Schon hallt des Feinds Trompetenruf,
Kanonen brummen drein.
Wohlauf, wohlauf mit raschem Huf
In seine Lanzenreihn!
Es klingt der Stahl, es steigt der Brand,
Die Bronnen springen rot –
So grüß dich Gott, mein deutsches Land!
Das Eisen bricht die Not.

Trinklied der Alten.

O wohl trüb ist die Zeit, wo der frostige Gast,
Wo mit knöchernem Arme das Alter uns faßt,
Und die feurige Lust, die noch jüngst uns beseelt,
Wie ein Märchen uns deucht, das am Herd man erzählt.
      Doch der Wein bringet wieder,
      Was zu rasch uns entfloh,
      Bringt Erinnrung und Lieder –
Altes Herz, altes Herz, und was glühest du so!

Grün waren die Lauben und sonnig die Stund',
Da mein Mädchen ich küßt' auf den frischroten Mund,
Da nicht Süß'res ich wußt' als ihr Auge so blau –
Ach, der Herbst kommt zum Wald und die Locke wird
grau.
      Doch der Wein bringet wieder,
      Was zu rasch uns entfloh,
      Bringt Jugend und Lieder –
Altes Herz, altes Herz, und was glühest du so!

Keine Träne, Herzbruder! Wir schaun von den Höhn
Nach der sinkenden Sonn', und verglüht sie nicht schön?
Heil uns, daß uns ward, was der Frühling nur gibt!
Diesen Becher der Liebe, die einst wir geliebt!
      Denn der Wein bringet wieder,
      Was zu rasch uns entfloh,
      Bringt Lieb' uns und Lieder –
Altes Herz, altes Herz, und was glühest du so!

Neue Liebe.

Hinaus ins Weite!
Frühling kommt bald.
Durch Schneegebreite
Zum Fichtenwald!
An stürzenden Bächen
Schwindelnde Bahn,
Durch sausende Wipfel
Zum Fels, zum Gipfel
Hinauf, hinan!

Sauge, durstiger Wind nur, sauge
Mir die stürzende Träne vom Auge,
Leg' an die brennende Stirne dich an!

Ach, nach dem Trauern,
Dem dumpfen Schmerz,
Wie löst dies Schauern
Selig mein Herz!
O rastlos Drängen,
Willst du gewaltsam
Die Brust zersprengen?
Ich kenne dich –

Liebe, Liebe, du kommst unaufhaltsam
Noch einmal, Herrliche, über mich!

Schöne Tage.

O wie segn' ich euch, ihr Tage,
Die ihr reich und reicher blühend
Still durch Hain und Garten wandelt!
O wie segn' ich euch, ihr blauen
Duft'gen tiefgestirnten Nächte!
O wie segn' ich dich, o Erde,
Die zu solchem Glück mich nährte,
Dich, o Himmel, den ich atme!

Ach, schon wähnt' ich fast erkaltet
Dieses Herz und wollte männlich
Mit dem schwer erkauften Schatze,
Mit der Weisheit mich bescheiden.
Seht, da bringt ihr, wie des Frühlings
Milde Sonne rosig aufglüht,
Bringt noch einmal mit den Blumen
Alle Füllen der Empfindung,
Heiße Tränen, junge Lieder;
Und mir selbst ein selig Wunder,
Wieder leb' ich Liebesleben.
Wenn ich Glücklicher nun abends
Arm in Arm mit der Geliebten
Über stille Felder schreite,
Daß der Halbmond hold verschlungen
Unser Bild am Boden schattet,
Wenn wir dann am Wald uns ruhen
Und in kühler Silberdämmrung
Hundert Frühlingsstimmen fluten,
Und ich näher noch und lieber
Meines Mädchens Herzschlag höre:
Wie vermag ich's da zu fassen,
Was mir in der Seele singet!
Mit des Dankes feuchtem Auge
Blick' ich auf zur reichen Erde,
Blick' ich auf zum schönen Himmel,
Und den Segen, den ich leise

Sprechen möcht' auf Erd' und Himmel,
Küss' ich endlich süßverworren
Stumm auf die geliebten Lippen.

Im Gebirge.

Nun rauscht im Morgenwinde sacht
So Busch als Waldrevier!
So rauscht meine Sehnsucht Tag und Nacht,
Rauscht immerdar nach dir.

Du merkst es nicht, du bist so weit,
Kein Laut herüber spricht;
O schlimme Zeit, einsame Zeit!
Und Flügel hab' ich nicht.

Vom höchsten Berg mein Auge sieht
Umsonst nach West und Ost,
Ein Gruß zu dir, von dir ein Lied,
Das ist mein einz'ger Trost.

So sing' ich denn durch Wald und Dorn
Meine Weis' im Wanderzug:
»Deine Lieb', das ist ein süßer Born,
Des trink' ich nie genug.«

Unter der Lorelei.

Wie kühl der Felsen dunkelt
Hernieder in den Rhein!
Kein Strahl der Sonne funkelt
Im grünen Wasserschein.
Es kommt im Windesweben
Ein Gruß der Märchenzeit –
Wie fern von hier das Leben!
Die Welt wie weit von hier, wie weit!

In dieser Schattenkühle,
Der Einsamkeit im Schoß,
Wird alles, was ich fühle,
So still, so klar, so groß.
Kein Wunsch mehr, kein Begehren,
Geschlichtet jeder Zwist –
Ich kann der Welt entbehren,
Wo du, o Liebe, bei mir bist.

Die Sonnenblume.

O Rosen, die mit Ruhme
Ihr prangt in Duft und Licht,
Ich bin die Sonnenblume,
Und ich beneid' euch nicht.

Des Falters flatternd Kosen,
Die Lieder im Gesträuch,
Der Menschen Lob, ihr Rosen,
Wie gerne gönn' ich's euch!

Mir schafft es volle Gnüge,
Vom Himmelstau getränkt,
In meines Liebsten Züge
Zu schauen still versenkt.

Zum Sonnenjüngling richte
Das Haupt ich früh und spät,
Und nähre mich vom Lichte,
Das sein Gelock umweht.

Mein Auge bleibt dem Hohen
Auch dann noch zugekehrt,
Wenn er mit heil'gen Lohen
Zuletzt mich selbst verzehrt.

O sprecht, wie ließ' erwerben
Sich köstlicher Geschick,
Als so dahinzusterben
Sanft an des Lieblings Blick!

Drum blüht in eurem Ruhme,
Ihr Rosen wonniglich!
Ich bin die Sonnenblume,
Und selig bin auch ich.

Lied des Mädchens.

Laß schlafen mich und träumen!
Was hab' ich zu versäumen
In dieser Einsamkeit!
Der Reif bedeckt den Garten,
Mein Dasein ist ein Warten
Auf Liebe nur und Lenzeszeit.

Es kommt im Frühlingsglanze
Für jede kleine Pflanze
Einmal der Blütentag.
So wird der Tag auch kommen,
Da, diesem Frost entnommen,
Mein Herz in Wonnen blühen mag.

Doch bis mir das gegeben,
Deucht mir nur halb mein Leben,
Und kalt wie Winters Wehn;
Trüb schauert's in den Bäumen –
O laß mich schlafen, träumen,
Bis Liebe mich heißt auferstehn!

Die Verlassene.

O singt nur, ihr Schwestern, mit fröhlichem Mund
Und führet den Reigen im Lindengrund
    Mit den Burschen bei Zithern und Geigen! –
    Mich aber laßt gehn und schweigen.

Was blickt ihr mir nach, und was wollt ihr von mir?
Ich habe die Freude getragen wie ihr
    In der Brust mit Lachen und Scherzen –
    Nun trag' ich den Tod im Herzen.

Durch alle Wipfel der Lenzhauch geht,
Ich bin der Baum, der laublos steht;
    Die Wasser rieseln so helle,
    Ich bin die vertrocknete Quelle.

Die Treue, die Treue, darauf ich gebaut,
Sie ist mit dem Schnee vor der Sonne zertaut;
    Wie Spreu vor dem Winde, so stiebet
    Meine Liebe, die ich geliebet.

Lied des Alten im Bart.

Durch tiefe Nacht ein Brausen zieht
Und beugt die knospenden Reiser,
Im Winde klingt ein altes Lied,
Das Lied vom Deutschen Kaiser.

Mein Sinn ist wild, mein Sinn ist schwer,
Ich kann nicht lassen vom Lauschen;
Es klingt, als zög' in den Wolken ein Heer,
Es klingt wie Adlers Rauschen.

Viel tausend Herzen sind entfacht
Und harren wie das meine;
Auf allen Bergen halten sie Wacht,
Ob rot der Tag erscheine.

Deutschland, die schön geschmückte Braut,
Schon schläft sie leis' und leiser –
Wann weckst du sie mit Drommetenlaut,
Wann führst du sie heim, mein Kaiser?

O was bleibt dem armen Herzen.

O was bleibt dem armen Herzen,
Wenn die schöne Liebe floh!

Heimlich zehrt an mir ein Wehe
Nach den süßen Jugendscherzen,
Da ich in der Holden Nähe
Tage lebte still und froh;
Und verwaiset im Gemüte
Fühl' ich's unter bittern Schmerzen:
Einmal bringt der Lenz die Blüte,
Aber auch nur einmal so.

O was bleibt dem armen Herzen,
Wenn die schöne Liebe floh!

Kurt von Wyl.

Das Mädchen spricht:

Gegangen war ich zum grünen Hag,
Da Mittag über den Wipfeln lag:
Das Harz troff aus der Fichte wund,
Die Schlange sonnte sich still am Grund.

Ich beugte mich über Sankt Albans Quell,
Der schoß aus dem Felsen frisch und hell,
Mit weißer Hand den Sprudel ich fing,
Und netzte mir Stirn und Lockenring.

Und als ich trank die kühle Flut,
Urplötzlich wallte mir das Blut;
Der Vögel Gruß verstand ich bald,
Und was sie sangen im ganzen Wald.

Sie flogen und hüpften von Ast zu Ast,
Und sangen nur eins ohne Ruh und Rast,
Nur eines, das mir baß gefiel:
»Der schönste Mann ist Kurt von Wyl.«

O Klingen, o Singen, so wundersam!
Nicht weiß ich, wie aus dem Wald ich kam;
Mein Trutz und Lachen ist all dahin,
Mir will das Lied nicht aus dem Sinn.

Ich hör' es, wenn ich die Spindel dreh',
Und wenn ich am Herd in die Flammen seh',
Im Glockenklang, im Reigenspiel:
»Der schönste Mann ist Kurt von Wyl.«

O Kurt von Wyl und merkst du es nicht
An meinem glühenden Angesicht,
Und siehst du es nicht an den Augen mir an,
Daß ich weiß, was da singen die Vögel im Tann?

Herbstlieder.

1.

Nun strömet klar von oben
Der Tag ins Land herein,
Aus tiefem Blau gewoben
Und lichtem Sonnenschein.

Es will noch einmal blühen
Der Wald, bevor er starb;
Er prangt in goldnem Glühen
Und lächelt purpurfarb.

Und fern im Glanze schließet
Sich Berg an Berg gereiht,
Und Sabbatstille fließet
Im Tale weit und breit.

Was will dich's wundernehmen,
O Freund, zu dieser Frist,
Daß deine Brust ihr Grämen
Wie einen Traum vergißt?

Daß du der alten Sorgen
Mit Lächeln nur gedenkst,
Und in den goldnen Morgen
Dich voll und froh versenkst?

O gib dich hin dem Frieden
Und sauge diesen Glanz,
Der aller Welt beschieden,
In deine Seele ganz.

Laß Ruh' und Lied sich gatten
Bei frommem Harfenklang,
Der letzten Trauer Schatten
Versühne mit Gesang.

Der Sonne heb entgegen
Den Becher jungen Weins,
Und heischt der Trunk den Segen,

So wünsche segnend eins:

Daß, wenn nach Freud' und Leide
Dein Herz einst brechen will,
Wie dieser Herbst es scheide
So heiter, groß und still.

2.

Ach, in diesen blauen Tagen,
Die so licht und sonnig fließen,
Welch ein inniges Genießen,
Welche stillverklärte Ruh!
Heiter ist das Blut gezügelt,
Leichter Schlaf und klarer Morgen
Wissen nichts von bangen Sorgen,
Und die Seele schweift beflügelt
Jeder lieben Stelle zu.

Ach, in diesen blauen Tagen,
Die wie Wellen so gelinde
Mich ins Leben weiter tragen,
Muß ich hoffen, muß ich fragen,
Ob ich nie dich wiederfinde,
Liebling meiner Seele du!

3.

Es schleicht um Busch und Halde
Der Sonnenstrahl so matt,
Im herbstlich stillen Walde
Fällt langsam Blatt um Blatt.
Die Welt versinkt in Todesruh –
Was ist's denn mehr? Auch du, auch du,
Mein Herz, du findest balde
Die rechte Lagerstatt.

Du brachst am Lebenssteige

Die Früchte, die er bot,
Der Jugend Rosenzweige,
Der Minne Himmelsbrot.
Doch endlich wird des Windes Raub
Die letzte Lieb', das letzte Laub –
So neige dich, o neige
Dich lächelnd in den Tod.

Zu Volksweisen.

1. *Neapolitanisch.*

Du mit den schwarzen Augen,
Die schön sind wie die Sterne,
Soll ich den Tod mir saugen
Aus ihrem kühlen Schein?
Umsonst in alle Ferne
Hinaus die Blicke lenk' ich,
Ach, dein so viel gedenk' ich,
Und nimmer denkst du mein.

Tief in der Nacht voll Kummer
In öden Finsternissen
Wälz' ich mich ohne Schlummer,
Darf ja bei dir nicht sein.
Mein Wollen, Sinnen, Wissen
Ins Meer der Liebe senk' ich –
Ach, dein so viel gedenk' ich,
Und nimmer denkst du mein.

All meine Sinne fluten
Zu dir, zu dir gewaltsam,
Brennender Sehnsucht Gluten
Rieseln durch mein Gebein.
Mit Tränen unaufhaltsam
Mein einsam Lager tränk' ich –
Ach, dein so viel gedenk' ich,
Und nimmer denkst du mein.

2. *Schottisch.*

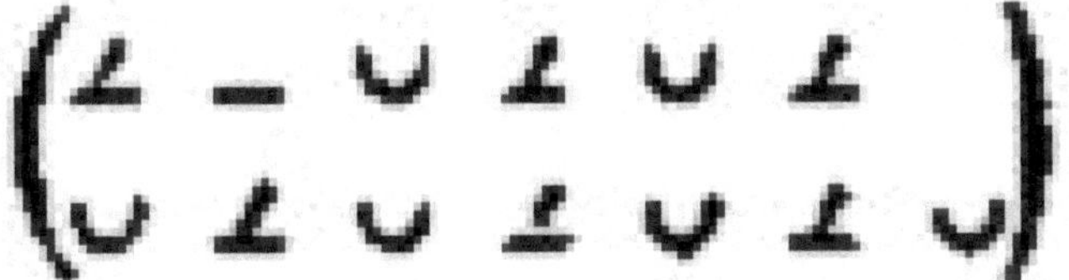

Weit, weit aus ferner Zeit,
Aus grüner Jugendwildnis
Grüßt mich in Lust und Leid
Ein wundersames Bildnis.
   Wohl kenn' ich gut
   Der Lippe Glut,
   Die mit mir pflag zu kosen,
   Das Auge so hold,
   Der Locke Gold,
   Der Wange bleiche Rosen.
Denn ob in Kampf und Schmerz
Kein Hauch der Jugend bliebe:
Nie doch vergißt das Herz
Den Traum der ersten Liebe.

Spät nach des Tages Streit,
Wenn klar erglühn die Sterne,
Gibt's mir ein treu Geleit
In aller Näh und Ferne.
   Ich lag bei Nacht
   Wohl auf der Wacht,
   Da stand es mit am Feuer:
   Ich fuhr daher
   Übers blaue Meer,
   Und sah es ruhn am Steuer.
Denn ob in Kampf und Schmerz
Kein Hauch der Jugend bliebe:
Nie doch vergißt das Herz
Den Traum der ersten Liebe.

Still wie ein schüchtern Kind,
So blickt's mich an durch Tränen,
Will seine Locken lind
An meine Schulter lehnen.
   Es winkt so lieb,
   Es singt so trüb
   Von Zeiten, die vergangen;
   Da schmilzt mein Sinn
   In Heimweh hin,

Bin für und für gefangen.
Denn ob in Kampf und Schmerz
Kein Hauch der Jugend bliebe:
Nie doch vergißt das Herz
Den Traum der ersten Liebe.

3. Russisch.

Durch die Waldnacht trabt mein Tier
Sacht beim Sterngefunkel,
All mein Glück liegt hinter mir,
Vor mir nichts als Dunkel.
Welke Blätter wirbeln wild
In des Sturms Gewimmer –
Lebewohl, geliebtes Bild!
Lebewohl für immer!

Ach, wohl mag der Menschenbrust
Lieb' ein Himmel scheinen,
Doch nach allzuflücht'ger Lust
Gibt sie langes Weinen.
Sehnsucht ewig ungestillt
Folgt dem kurzen Schimmer –
Lebewohl, geliebtes Bild!
Lebewohl für immer!

4. Französisch.

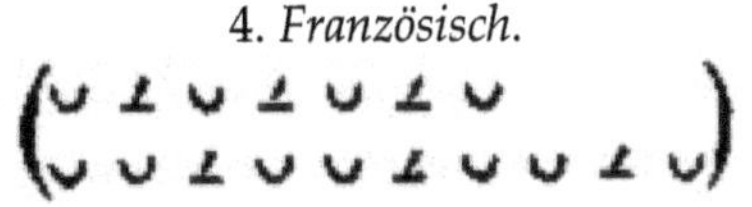

In lichten Frühlingstagen
Sei nur kühn, sei nur kühn ohne Zagen,
Wenn alle Vögel schlagen,
Das ist der Sehnsucht Zeit.

Wenn alle Vögel schlagen,
Sei nur kühn, sei nur kühn ohne Zagen!

Dann kannst du nimmer tragen
Im Herzen stumm das Leid.

Dann kannst du's nimmer tragen,
Sei nur kühn, sei nur kühn ohne Zagen!
Du mußt es singen und sagen
Der allerschönsten Maid.

Du mußt es singen und sagen,
Sei nur kühn, sei nur kühn ohne Zagen!
Sie krönt dein rasches Wagen,
In grüner Einsamkeit.

Sie krönt dein rasches Wagen,
Sei nur kühn, sei nur kühn ohne Zagen!
Wie schwinden alle Plagen,
Wenn's Küss' und Rosen schneit!

Wie schwinden alle Plagen!
Sei nur kühn, sei nur kühn ohne Zagen
In lichten Frühlingstagen!
Das ist der Liebe Zeit.

5. *Deutsch.*

Wenn ich an dich gedenke
Bei stiller Nacht allein,
Das geht mir durch die Seele
Wie lichter Mondenschein;
Das geht mir durch die Seele
Wie lieblich Harfenspiel,
Mir ist, ich hatte nimmer
Der Freuden allsoviel.

Mein Herz ist wie ein Ringlein
Von eitel güldnem Glast,
Du bist die klare Perle,
Und bist darein gefaßt.
So wie die Perl' im Golde,
So funkelst du darin,

Und trägst auch mich beschlossen
So fest in deinem Sinn.

O dank' dir's Gott, Herzliebste,
Viel tausend, tausendmal,
So viel als Veilchen blühen
Zu Ostern tief im Tal!
So viel als Veilchen blühen,
So oft gedenk' ich dein;
Das geht mir durch die Seele
Wie lichter Mondenschein.

6. Deutsch.

Mag auch heiß das Scheiden brennen,
Treuer Mut hat Trost und Licht;
Mag auch Hand von Hand sich trennen,
Liebe läßt von Liebe nicht.
Keine Ferne darf uns kränken,
Denn uns hält ein treu Gedenken.

Ist kein Wasser so ohn' Ende,
Noch so schmal ein Felsensteg,
Daß nicht rechte Sehnsucht fände
Drüberhin den sichern Weg.
Keine Ferne darf uns kränken,
Denn uns hält ein treu Gedenken.

Über Berg' und tiefe Tale,
Mit den Wolken, mit dem Wind
Täglich, stündlich tausendmale
Grüß' ich dich, geliebtes Kind.
Keine Ferne darf uns kränken,
Denn uns hält ein treu Gedenken.

Und die Wind' und Wolken tragen
Her zu mir die Liebe dein,
Die Gedanken, die da sagen:
Ich bin dein und du bist mein!
Keine Ferne darf uns kränken,

Denn uns hält ein treu Gedenken.

Überall, wohin ich schreite,
Spür' ich, wie unsichtbarlich
Dein Gebet mir zieht zur Seite,
Und die Flügel schlägt um mich.
Keine Ferne darf uns kränken,
Denn uns hält ein treu Gedenken.

Und so bin ich froh und stille,
Muß ich noch so ferne gehn;
Jeder Schritt – ist's Gottes Wille –
Ist ein Schritt zum Wiedersehn.
Keine Ferne darf uns kränken,
Denn uns hält ein treu Gedenken.

Im März.

Es ist mir eben angetan,
Zwei schöne Augen sahn mich an,
Und in den süßen feuchten Schein
Blickt' ich zu tief, zu tief hinein.
Mir schwirrt der Kopf, mir glühn die Wangen,
Und nun kommt draußen der Lenz gegangen
Über die Hügel, über den Fluß,
Die Schwalbe zwitschert ihren Gruß,
Die Wolken ziehn, und zwischendrein
Fließet der lichte Sonnenschein,
Und aus dem klar vertieften Blau
Säuselt es linde, weht es lau,
Man meint, die Veilchen sind schon da.
Das ist ein sehnsuchtsvolles Weben,
Ein heimlich Locken und Leben
Allüberall, fern und nah.
Und du, mein Herz, wirst nie gescheit,
Lässest so willig dich verführen,
Öffnest der Sehnsucht Tor und Türen;
Von Liebesfreud' und Leid
Singest du Lieder,
Und bist so froh, bist ganz so töricht wieder
Als wie in deiner jungen Zeit.

Den Freunden.

Endlich hatt' ich mich beschieden,
Lebte sonder Wunsch und Kummer,
Und der lang entbehrte Frieden
Kehrte schon in diese Brust;

Ach, da weckt ihr das Verlangen,
Weckt die Hoffnung aus dem Schlummer;
Wieder zweifeln, fürchten, bangen
Muß ich unter Qual und Lust.

Soll ich zürnen, soll ich danken?
Aus des Hafens sichern Schranken.
Treibt ihr mich aufs Meer zurück.

Manches wohl erringt der Wille,
Wo die stolzen Segel schwanken –
Aber jene tiefe Stille,
Freunde, war doch auch ein Glück.

Für Musik.

Nun die Schatten dunkeln,
Stern an Stern erwacht:
Welch ein Hauch der Sehnsucht
Flutet in der Nacht!

Durch das Meer der Träume
Steuert ohne Ruh,
Steuert meine Seele
Deiner Seele zu.

Die sich dir ergeben,
Nimm sie ganz dahin!
Ach, du weißt, daß nimmer
Ich mein eigen bin.

Jägers Liebe.

1.

Es saust der Wind im dunkeln Wald,
Daß hoch die Wipfel schwanken;
Wohl über den Wald, wohl über die Flur
Verweht er meine Gedanken.

Er trägt sie hin zum Grafenschloß,
Da klingen Flöten und Geigen,
Bei Kerzenschimmer perlt der Wein,
Im Saale braust der Reigen.

Das ist das Fest der schönsten Maid,
Das Fest der weißen Rose;
Man bringt ihr manchen Becher dar,
Manch Sprüchlein bunt und lose.

Sie steht im Tanz und hat nicht acht,
Daß sie die Weise lerne;
Sie lächelt still in sich hinein,
Als wär' ihr Sinn in der Ferne.

Ich weiß es nicht, ist an ihr Ohr
Des Lieds ein Ton gedrungen,
Das weit von ihr im dunkeln Wald
Der Jägersmann gesungen?

2.

Von des Geiers Gefieder
Trag' ich Federn auf meinem Hut;
Aus den Lüften des Adlers Brut
Hol' ich hernieder.

Fort mit Zagen und Schwanken!
Mein Blei fliegt keck, mein Blei fliegt hoch,
Aber zehnmal höher noch

Meiner Liebe Gedanken.

3.

Hörst du mein Horn erklingen,
Du wunderschöne Maid?
Es fleht zu dir: O flieh mit mir!
Mein Rappe steht bereit.

Gott grüß in meinen Armen,
Du Grafenkind, Gott grüß!
Du bist so schön, ich bin so jung,
Und Küssen und Kosen so süß.

Die Nacht ist still und dunkel,
Mein Rößlein treibt der Sporn,
Uns treibt die Lieb', uns treibt zur Hast
Deines Vaters scharfer Zorn.

Ach, schließt kein Riegel so feste,
Die Liebe sprengt ihn bald;
Nun reit' ich seliger Jägersmann
Mit der köstlichen Beute zu Wald.

Melusine.

Es wohnt das Mädchen wunderhold
Mitten im Walde;
Was da webet und grünt und blüht,
Gehorcht ihr balde.

Und tritt sie früh aus ihrer Tür
Auf leichten Füßen,
Flattern die Vögel um sie her,
Die blauen Blumen grüßen.

Das fleckige Rehlein hält ihr still,
Lässet sich streicheln mit Nicken;
Sie hat gezähmt den jungen Wolf
Mit ihren holdseligen Blicken.

Singend über das tauige Moos
Schreitet die Holde,
Die Morgensonne wirft ihr um
Den Mantel von Golde.

O wär' ich dann der klare Brunn,
Den sie zum Spiegel wählet!
Sie lacht hinein mit rotem Mund,
Wenn ihr Haar sie strählet.

Sie lacht hinein und singt dazu:
»O lustig Schweifen!
Mein Sinn ist wie der Wind, Wind, Wind,
Wer kann ihn greifen!

Und wie ein Schrein so ist mein Herz,
Nur fester, feiner.
Wo liegt der Schlüssel? ich weiß es wohl,
Doch find't ihn keiner.«

Unruhe.

An Wunden, schweren,
Langsam verbluten,
In heimlichen Gluten
Still sich verzehren,
Täglich voll Reue
Den Wahnsinn verschwören,
Täglich aufs neue
Sich wieder betören,
Ewig zum Meiden
Die Schritte wenden,
Und doch nicht scheiden –
O Lieb', o Leiden,
Wann wirst du enden!

Herbstklage.

O weh, wie ist so rasch dahin
Der grüne Sommer gegangen,
Und hat mir doch den trüben Sinn
Mit Freuden nicht umfangen!
Dem Maien wollt' ich bieten Gruß,
Da hör' ich schon um meinen Fuß
Die fallenden Blätter rauschen.

O weh, nun hab' ich wieder ein Jahr
Geharrt auf Glück und Frommen,
Und ist das Glück doch nimmerdar
An meine Tür gekommen;
Oder es kam in Nächten tief,
Da ich festen Schlummer schlief,
Und ist vorübergezogen.

Mein Leben deucht mir als ein Traum,
Den ich geträumet habe;
Rechter Freude denk' ich kaum,
Seitdem ich war ein Knabe.
Tanz und Sang zergeht mit Gram,
Und wenn die Liebe Abschied nahm,
Wohl nimmer kehret sie wieder.

Die Welt ward falsch und eitel Schein,
Wie soll sie mir gefallen?
An Bechers Rande blinkt der Wein,
Doch drunten schwimmen die Gallen.
Was ich redlich focht, mißlang,
Was ich fröhlich sang, verklang
Wie Herbstwind über den Stoppeln.

O weh, nun bin ich gar allein
Mit meinem Harm geblieben.
Dahin mein Jugendsonnenschein!
Dahin mein Singen und Lieben!
Der Abend graut, die Luft geht kalt –
Winter, Winter, kommst du bald,

Auf meinen Hügel zu schneien?

Minneweise.

Wie holde Schwestern
Blühn die Rosen
Im tiefen Walde rot und weiß;
Da rauschte gestern
Heimlich Kosen
Von Mund zu Munde lind und leis.
Durchs grüne Laub die Sonne sah –
Klinge, mein Liedel!
Wohl mir, ich weiß, was da geschah!

Unter den Zweigen
Wilder Reben,
Wo tief im Busch der Finke schlug,
Da hat zu eigen
Sich mir gegeben,
Die ich in treuem Sinne trug.
Nun steht mein Herz in Freuden ganz –
Klinge, mein Liedel!
Aus Dornen bricht der Rose Glanz.

Da ihr zum Ruhme
Meinem Liede
Gesagt, es sei wie duft'ger Wein,
Soll seine Blume
Hinfort nur Friede
Und alle Lust der Minne sein.
Gott wolle, daß es so gescheh' –
Klinge, mein Liedel!
Doch klinge nimmermehr: O weh!

Donatus.

(Aus einer Novelle.)

1.

Fuhr einst unaufhaltsam
Meerwärts stolz und frei,
Lockst mich nun gewaltsam,
Süße Lorelei.

Laß die Wirbel toben,
Laß die Strudel drohn –
Silbern weht von oben
Deines Liedes Ton.

Hast mit deinen Lippen
Mir es angetan;
Selig in die Klippen
Steur' ich meinen Kahn.

2.

Ich bin der Sturm, der fährt dem Norden zu,
Du bist die mondbeglänzte Meeresruh –
Wie stimmt ein solches Ich zu solchem Du!

Du bist der Strahl, der sich auf Lilien wiegt,
Der Hagel ich, der aus der Wolke fliegt –
O ew'ge Kluft, die zwischen beiden liegt!

Ich unstet, wild, der Erde düstrer Gast,
Du himmlisch heiter, wie die Engel fast –
Nun zeig, o Liebe, daß du Allmacht hast!

3.

Nun bin ich heim. O selig Ende
Der langen, ruhelosen Pein!
Jetzt schließt ihr wohl, ihr engen Wände,
Den Glücklichsten der Menschen ein.

Wir haben unter Tränengüssen
Die Seelen jubelnd ausgetauscht,
Noch ist mein Sinn von ihren Küssen
Als wie von edlem Wein berauscht.

Durch finstre Gassen schreitet stille
Die Mitternacht, und alles ruht,
Doch jauchzt mein Herz in seiner Fülle
Und freut sich schlaflos seiner Glut.

So wie, wenn's dunkel ward im Tale
Und dunkel ward am Firmament,
Noch sattgetränkt vom roten Strahle,
Der Alpe Gipfel glorreich brennt.

Gute Stunde.

Wie ward es tief in mir so stille!
Der Tage Wandeln rührt mich kaum.
Der Lärm der Zeit, der Menschen Wille
Geht mir vorüber wie ein Traum.
Doch drinnen ist es warm und helle,
Es lauscht die Seele ungestört
In sich hinein, daß sie die Welle
Des eignen Wohllauts fluten hört.

Als wie aus Flammen neu geboren,
So spielt das Herz mir frisch und rein:
Vergessen ist, was ich verloren,
Und was ich liebte, dennoch mein.
Es hat der Jugend süß Gedenken
Sich wie ein Himmel aufgetan,
Und schön mit seiner Huld Geschenken
Erscheint der Gott und rührt mich an.

Lied vom Wein.

Nun grüß dich Gott, du Himmelstau,
Du Ehrenpreis der Rebenau,
O Wein, du Kind der Sonnen!
Wie blinkst du mich so wohlgetan
Aus hellgeschliffnem Becher an
Als wie ein güldner Bronnen!
O komm empor an meinen Mund
Und fülle mir das Herz zur Stund'
Bis auf den Grund
Mit allen deinen Wonnen!

So wie das Licht den Edelstein
Durchströmt mit seinem klaren Schein,
Sollst du den Sinn mir klären;
Und was noch trüb in meinem Mut,
Das soll hinweg die heil'ge Glut
Der feuchten Flamme zehren.
Ich stimme dir dafür zum Zoll
Ein Lied an aller Freuden voll,
Das längst mir schwoll
Im Busen dir zu Ehren.

Ja, groß ist deiner Wunder Kraft
In Freud', und wo in Kummers Haft
Einsam ein Mann mag trinken:
Du bändigst mild den dumpfen Gram,
Läßt ihn, zu Tränen wundersam
Gelöst, im Kelch versinken.
O köstlich wird der Becher da,
Wie jener, drin Kleopatra
Die Perle sah
Zergehn mit klarem Blinken.

Es schläft in dir die alte Zeit,
Die hohe Lust, das süße Leid,
Der Minne zartes Kosen;
Es schläft in dir das Lied verschämt,

Das Lied, das fromm den Sturm bezähmt,
Wenn Flut und Leben tosen.
Die Jugend hebt sich wunderbar
Aus dir empor und kränzet klar
Das Silberhaar
Mit frischen Maienrosen.

Und was der Mensch, vom Gott bewegt,
So tiefgeheim im Busen trägt,
Als sei's der Welt versunken,
Du pochst mit goldnem Finger dran,
Bis daß der Schrein sich aufgetan
Und seine Schätze prunken.
Da klingt heraus der Weisheit Wort,
Da taucht empor der Liebe Hort,
Um fort und fort
Zu glühn in hellen Funken.

Und bist du selber nicht, o Wein,
Ein Spiegel nur und Widerschein
Vom Wandel unsrer Tage?
Gebrochen, bis zum Kern versehrt,
Wirst du zu Glut und Geist verklärt,
Und selbst ein Bann der Plage.
Dein Feuer süß, das siegreich loht,
Spricht dann von Glorien nach der Not,
Und daß aus Tod
Der Jugend Flamme schlage.

So komm denn her, du Himmelstau,
Du Ehrenpreis der Rebenau,
Du feurig Kind der Sonnen,
Du Weckemund zum Harfenton,
Du königlicher Sangeslohn,
Du güldner Freudenbronnen!
Empor im Becher klar und rein!
Empor, laß segnend deine Weihn
Mir angedeihn,
Und alle deine Wonnen!

Lied des Korsaren.

Gut der Wind und fest das Steuer,
Leuchtend Silbergrün das Meer,
Über uns der Sterne Feuer –
Gebt die Mandoline her!
Syrakuser schenkt mir ein!
Heißer Sinn will heißen Wein.

Ging mein Schloß in jähem Brande
Lodernd auf um Mitternacht,
Schwirrt auf Rabenschwing' am Lande
Um mein Haupt des Reiches Acht:
Auf dem Meer im Sturmesflug
Weht der Freiheit Odemzug.

Hab' ich doch mein Schwert behalten,
Und den Arm, der stark es faßt;
Des verfemten Banners Falten
Flattern schwarzgesengt vom Mast;
Weh dem Kühnen, der's bedroht!
Seine Antwort lautet: Tod.

Seit das Schiff ich frei bestiegen,
Haus' ich jedem Fürsten gleich;
Weit, so weit die Winde fliegen,
Liegt mein flutend Königreich.
Blanker Stahl ist mein Wardein,
Treib' ich meine Schatzung ein.

Säckel, die von Gold sich brüsten,
Ferner Zonen seltne Fracht,
Klosterwein von sonn'gen Küsten
Und den Becher von Smaragd,
Was nur Sinn und Herz begehrt,
Kauft im Schlachtgewühl mein Schwert.

Und wie reizend ist die Dirne,
Wenn sie vor dem Räuber steht
Und um ihre blonde Stirne

Glühend Haß und Neigung weht!
Scham und Lust – o süßer Krieg!
Doch dem Kühnen bleibt der Sieg.

Heil dir, Meer, du Feld des Mutes!
Heil dir, Freiheit, meine Braut!
Dir mit jedem Tropfen Blutes,
Dir allein bin ich getraut,
Treu auch dann, wenn mich umdroht
Einst im Kampf die letzte Not.

Dann kein Ach, kein feiger Jammer!
Hoch die Wimpel, hoch das Beil!
In der engen Pulverkammer
Schläft beisammen Rach' und Heil;
Stolz im Blitze fahr' ich dann
In den Tod als freier Mann.

Frühlingslieder.

1.

Kein Stern will grüßend funkeln,
In Wolken hängt die Nacht;
Doch geht durchs Tal im Dunkeln
Ein Säuseln lau und sacht.

Geheimnisvolles Wallen
Kommt von den Wipfeln her,
Einzelne Tropfen fallen
Wie Tränen heiß und schwer.

Mir ist, als könnt' ich spüren
Im Wind, im Duft der Flur,
Wie sich die Kräfte rühren
Der schaffenden Natur.

Ach, mir im Busen ringt es
So dunkelmächtig auch,
Da brütet's und da klingt es
Bewegt vom Frühlingshauch.

Es rührt der Saft sich wieder
In meines Lebens Baum.
Ist's Liebe? Sind es Lieder?
Noch unterscheid' ich's kaum.

2.

Tief im grünen Frühlingshag
Durch die alten Rüstern
Wandelt leis' am schönsten Tag
Wundersames Flüstern.

Jedes Läublein spricht: Gott grüß!
Zu dem Laub daneben,
Alles atmet tief und süß

Heil'ges Friedensleben.

Und wie Blüt' und Blatt am Strauch
Still sich wiegt im Glanze,
Wiegt sich meine Seel' im Hauch,
Der durchströmt das Ganze.

3.

Nun der Lenz im Forste wieder
Klingend zieht durch alle Bäume,
Kommen Tages mir die Lieder,
Kommen mir bei Nacht die Träume;

Lieder, die vom Glücke sagen,
Das dahinging mit der einen,
Träume, die zu ihr mich tragen,
Und erwacht mich machen weinen.

Und dazwischen Glanz der Sonne,
Junger Leichtsinn, neues Sehnen,
Alle tolle Frühlingswonne,
Lachend in die frischen Tränen.

Rastlos in die blüh'nden Heiden
Stürm' ich fort, ohn' umzuwenden;
Freuden stürmen nach und Leiden –
Lenz, o Lenz, wie soll das enden!

Vermischte Gedichte.

An den Genius.

Während einer Krankheit.

Du Genius, der von ew'gem Herd
Mein Wesen all gesetzt in Flammen,
O halte diesen Leib zusammen,
Bis ich ein Werk schuf deiner wert;
Dann mag in Erde, Luft und Wellen
Der Staub dem Staube sich gesellen,
Ein Tropfen, der zum Meere kehrt.

Du legtest tief in diese Brust
Die Sehnsucht, Gott und Welt zu schauen,
Dem Lied es selig zu vertrauen
Mit Wort und Klang, was mir bewußt;
O laß mich fahren nicht von hinnen,
Bis einmal ich mit reinen Sinnen
Gekostet der Erfüllung Lust.

Mir schläft im Herzen noch so viel;
O bin ich einer der Erkornen:
Erbarme dich des Ungebornen,
Gib Leben, Leben bis ans Ziel!
Daß ich dort unten Ruhe finde,
Und Trostes voll der Kranz sich winde
Um mein verstummend Saitenspiel.

Nachts am Meere.

Es schlief das Meer und rauschte kaum
Und war doch allen Schimmers voll,
Der durch der Wolken Silberflaum
Vom lichten Monde niederquoll;
Im Blau verschwamm die ferne Flut,
Wie Bernstein flimmerte der Sand;
Ich aber schritt in ernstem Mut
Hinunter und hinauf den Strand.

O was in solcher stillen Nacht
Durch eine Menschenseele zieht,
Bei Tag hat's keiner nachgedacht,
Und spricht es aus kein irdisch Lied.
Es ist ein Hauch, der wunderbar
Aus unsrer ew'gen Heimat weht,
Ein innig Schauen tief und klar,
Ein Lächeln halb und halb Gebet.

Da spürst du still und körperlos
Ein segnend Walten um dich her,
Du fühlst, du ruhst in Gottes Schoß,
Und wo du wandelst, wallt auch er;
Die Tränen all sind abgetan,
Die Dornen tragen Rosenglut,
Es taucht die Liebe wie ein Schwan
Aus deines Lebens dunkler Flut.

Und was am schwersten dich bedroht,
Dir zeigt's ein liebes Angesicht.
Zum Freiheitsherold wird der Tod,
Der deines Wesens Siegel bricht;
Du schaust ins Aug' ihm still vertraut,
Von heil'gem Schauder nur berührt,
Gleichwie ein Bräut'gam, den die Braut
Zum seligsten Geheimnis führt.

Genug, genug! Halt ein, mein Lied!
Denn was bei Nacht und Mondenlicht

Durch eine Menschenseele zieht,
Das sagt kein irdisches Gedicht;
Ein Hauch ist's, der da wunderbar
Von Edens Friedenspalmen weht,
Ein wortlos Schauen tief und klar,
Ein Lächeln halb und halb Gebet.

Gebet.

Herr, den ich tief im Herzen trage, sei du mit mir!
Du Gnadenhort in Glück und Plage, sei du mit mir!
Im Brand des Sommers, der dem Manne die Wange bräunt,
Wie in der Jugend Rosenhage sei du mit mir;
Behüte mich am Born der Freude vor Übermut,
Und wenn ich an mir selbst verzage, sei du mit mir.
Gib deinen Geist zu meinem Liede, daß rein es sei,
Und daß kein Wort mich einst verklage, sei du mit mir.
Dein Segen ist wie Tau den Reben; nichts kann ich selbst,
Doch daß ich kühn das Höchste wage, sei du mit mir.
O du mein Trost, du meine Stärke, mein Sonnenlicht,
Bis an das Ende meiner Tage sei du mit mir.

Aus dem Walde.

Mit dem alten Förster heut
Bin ich durch den Wald gegangen,
Während hell im Festgeläut
Aus dem Dorf die Glocken klangen.

Golden floß ins Laub der Tag,
Vöglein sangen Gottes Ehre,
Fast, als ob's der ganze Hag
Wüßte, daß es Sonntag wäre.

Und wir kamen ins Revier,
Wo, umrauscht von alten Bäumen,
Junge Stämmlein sonder Zier
Sproßten auf besonnten Räumen.

Feierlich der Alte sprach:
»Siehst du über unsern Wegen
Hochgewölbt das grüne Dach?
Das ist unsrer Ahnen Segen.

Denn es gilt ein ewig Recht,
Wo die hohen Wipfel rauschen;
Von Geschlechte zu Geschlecht
Geht im Wald ein heilig Tauschen.

Was *uns* not ist, uns zum Heil
Ward's gegründet von den Vätern;
Aber das ist unser Teil,
Daß *wir* gründen für die Spätern.

Drum im Forst auf meinem Stand
Ist mir's oft, als böt' ich linde
Meinem Ahnherrn diese Hand,
Jene meinem Kindeskinde.

Und sobald ich pflanzen will,
Pocht das Herz mir, daß ich's merke,
Und ein frommes Sprüchlein still
Muß ich beten zu dem Werke:

Schütz' euch Gott, ihr Reiser schwank!
Mögen unter euren Kronen,
Rauscht ihr einst den Wald entlang,
Gottesfurcht und Freiheit wohnen!

Und ihr Enkel, still erfreut
Mögt ihr dann mein Segnen ahnen,
Wie's mit frommem Dank mich heut
An die Väter will gemahnen.«

Wie verstummend im Gebet
Schwieg der Mann, der tief ergraute,
Klaren Auges, ein Prophet,
Welcher vorwärts, rückwärts schaute.

Segnend auf die Stämmlein rings
Sah ich dann die Händ' ihn breiten;
Aber in den Wipfeln ging's
Wie ein Gruß aus alten Zeiten.

Frühlinghymnus.

(Bruchstück.)

O Frühling, Frühling, der in mildem Tauen
Voll Schöpfungswonne du das All durchdringst,
Der du das Meer, den Himmel lässest blauen,
Und rauschend mit dem Bach vom Felsen springst,
Der du die Flur mit goldnen Schauern tränkst,
Und still in jedes Veilchens Schoß dich senkst;
Der du zum Lied wirst in des Vogels Kehle,
Die jauchzend hoch im Äther überfließt,
Als Liebe schleichest in des Mädchens Seele,
Daß schöner, wie du sie im Tal erziehst,
Die rote Ros' aus ihren Wangen sprießt:
O Frühling, tiefer, süßer Gotteshauch,
Sei mir gegrüßt und fülle du mich auch!
Wie eine Welle leg dich an mein Herz,
Und spüle sanft hinweg den letzten Schmerz!

Du nimmst ihn weg. Es kommt mit deinem Wehen
Ein schönes jugendliches Auferstehen.
Du kleidest nicht den Forst allein in Grün,
Und lehrst die junge Brut die Flügel heben:
Mit jedem Land muß eine *Hoffnung* blühn,
Um mit den Lerchen sonnenwärts zu schweben,
Ja, zu den Gräbern seh' ich fromm dich schreiten,
Die tau'gen Opferspenden drauf zu breiten,
Als wolltest du mit Kränzen und mit Zähren
So Gram als Tod in Herrlichkeit verklären.

O Zeit, wo Rosen auf den Grüften stehn,
Und wir den Tod selbst Blüten tragen sehn!
Da mag das Herz, nicht mehr der Sorge Raub,
Den Kirchhof der *Geschichte* fromm betreten,
Und Frühling ahnend in vermorschtem Staub
Getrost an halb versunknen Mälern beten;
Es fühlt, kein Fünkchen Geist ist uns verloren,
Die Blüte fällt, doch auch das Samenkorn,

Der Fels zerbirst, doch ihm entwallt der Born,
Und aus der Lava wird der Wein geboren.

*

So denk' ich dein zuerst im Totenfeld,
Mein Hellas, blühend Jugendland der Welt,
Wo unter sel'gem Himmel ohne Neid
Der Baum emporwuchs holder Menschlichkeit;
Wo wie im Busen der gewölbten Laute
In jeder Seel' ein tiefer Wohllaut schlief,
Wo jede Trauer den Altar sich baute
Und jede Lust nach ihrem Gotte rief,
Du heilig Land, an dessen Sonnenküsten
Die Schönheit stieg, da sie das Meer gezeugt,
Und dessen Kinder sie an Götterbrüsten,
Die jungfräuliche Amme, groß gesäugt.

Ja *sie*, die Göttin war's, die ihre Weihen
Verschwendrisch ausgoß auf die Säulenreihen,
Von der ein Schimmer auf des Kindes Spiel
Wie auf die braune Stirn des Helden fiel;
Ihr Walten war's, wenn an Alphëus' Strand
Im Staub der Rennbahn, hoch vor allem Volke
Der Rosselenker auf dem Wagen stand,
Dem jungen Phöbus gleich in seiner Wolke,
Ihr Walten, wenn der tote Marmorstein
Errötend in das Leben jauchzt' hinein,
Wenn, ein Gewitter, von des Redners Stuhle
Der heil'ge Eifer zürnend sich ergoß,
Und wenn im Ölwald vor der frommen Schule
Ein hold Gespräch von weiser Lippe floß.
Ihr Walten war's, wenn bei den Thermopylen,
Den Helm bekränzt, im frohen Festgewand,
Das Auge lächelnd, die Dreihundert fielen,
Ein freudig Opfer für das Vaterland;
Wenn dann von solchem Segen übervoll,
Ein großes Lied aus trunkner Seele quoll,
Und, während andachtsvoll die Menge lauschte,

Von selbst der Lorbeer in die Strophen rauschte.
Und doch versunken? – Ja. Die Form zerbrach,
Da länger nicht der Geist den Segen sprach,
Da dein Geschlecht im Fieber der Partein
Den heißen Stahl in Bruderblute kühlte
Und frech mit ihm dein eigen Herz durchwühlte,
Da zogen aus die Götter – Philipp ein.
Dein Genius aber sang sein Schwanenlied
Im Donner des Demosthenes, und schied.

Doch nicht für alle Zeiten. Nein, o nein!
Mein Hellas, du bist unser, du bist mein.
Jung und unsterblich schreitet deine Sage
Mit blüh'nden Lippen noch durch unsre Tage;
Allüberall, wo Großes soll erstehen,
Geht von dir aus ein schöpferisches Wehen;
Dem Künstler bist du, bist dem Sänger nah,
Und wie dereinst aus goldnem Henkelkruge
Die königliche Maid Nausikaa
Den Dulder tränkt' auf seinem Wanderzuge,
So tränkst du, will's in unsern Brunnen fehlen,
Mit Schönheit und mit Freiheit unsre Seelen,
Mit jener Freiheit, welche Plato zeugt,
Für die geblutet Aristides' Wunden,
Die groß und still sich vor den Göttern beugt,
Weil sie das Göttlichste, das Maß, gefunden. –

Heimkehr.

Das war dereinst ein Tag der Schmerzen,
Der uns getrennt auf immerdar;
Du wandtest dich von einem Herzen,
Das reich und das dein eigen war.

Ich weiß, ich hatte viel verschuldet,
Doch nicht so viel, als du gemeint,
Und bitter hab' ich drum geduldet,
Und blutig hab' ich drum geweint.

Doch nun aufs neu in deine Nähe
Nach manchem Jahr mein Stern mich führt,
Empfind' ich, wie sich Lust und Wehe
In meinem Busen mächtig rührt.

Mir ist's, ich sollte dich nicht meiden,
Und sprechen möcht' ich: O vergib!
Ob Welt und Sitt' uns ewig scheiden,
Du bist mir dennoch schön und lieb.

Wohl lenkt' ich still nach andern Zielen,
Ich rang mich fort durch Freud' und Pein,
Doch, wie des Lebens Würfel fielen:
Vergessen konnt' ich nimmer dein.

Ich warb um Lust, um Ruhm, um Tugend,
Und manches Schöne fiel mir zu;
Doch bleibt das schönste Glück die Jugend,
Und meiner Jugend Glück warst *du*.

Wiedersehen.

Nicht länger konnt' ich's stumm ertragen,
Hintrieb's zu dir mich unruhvoll,
Und alles, alles wollt' ich sagen,
Davon das Herz mir flutend schwoll.

Ich ging – mir schwankten die Gedanken,
Von Angst, von Hoffnung halb erfüllt;
Du aber hattest sonder Wanken
In deinen Stolz dich eingehüllt.

Wohl warst du schön, so schön wie immer,
Nur eines, eines fand ich nicht,
Der Seele wundersamen Schimmer,
Der einst umflossen dein Gesicht.

Fast schien's, du habest Leid und Wonne
In dir getötet mit Gewalt;
Dein Auge war wie Wintersonne,
So klar, so lächelnd und so – kalt.

Ach, gleich dem zarten Frühlingstriebe,
Den noch im März ein Nachtreif schlug,
Erfror mir da das Wort der Liebe,
Das auf den Lippen schon ich trug.

Der letzte Zauber war gebrochen,
Der mich gebannt so manches Jahr;
Ich weiß nicht mehr, was ich gesprochen,
Ich weiß nur, daß es Torheit war.

Kalt gingen wir. Doch das sind Leiden,
Wofür die Zeit nicht Balsam gibt,
Daß man sich so vermag zu scheiden,
Wenn man dereinst sich so geliebt.

Sonett.

O wär' es eine Schuld nur, was uns trennte!
Und stünde vorn sie in der Sünden Reihen:
Die Lieb' ist Gnad' und könnte sie verzeihen,
Wenn sie im andern nur die Lieb' erkennte.

Doch wo ist Feuer, das im Wasser brennte?
Wo Wasser, das in Flammen mag gedeihen?
Was uns für heut und immer muß entzweien,
Ist Widerspruch, wie der der Elemente.

Du folgtest deinen Sternen, ich den meinen –
Seit man uns schied – im Glauben, Denken, Lieben.
Ach, daß die Sterne so verschieden scheinen!

Nun muß dein Wort mir, leerer Schall, verstieben
Und meines dir. Wir aber stehn und weinen,
Daß nichts gemein uns als dies Leid geblieben.

Letzte Sühne.

Meiner Jugend Liebe du,
Bild voll Lust und Schmerzen,
Gehst du wieder auf in Ruh
Über meinem Herzen?

Ach, nicht ewig kann die Brust
Schuld um Schuld ermessen,
Eins nur ist mir noch bewußt,
Daß ich dich besessen.

Die mit ihrem finstern Wahn
Mein Gemüt verschattet,
Jeder Groll ist abgetan,
Jeder Gram bestattet.

Lächelnd, wie ich einst dich sah,
Da mein Herz erglühte,
Stehst du wieder vor mir da
In der Anmut Blüte.

Und so schließ' ich schön und hoch,
Sonder Schuld und Fehle,
Mit dem Blick der Liebe noch
Dich in meine Seele.

Nie mehr will ich nur von fern
Deinem Pfad begegnen;
Doch als Jugendmorgenstern
Soll dies Bild mich segnen.

Und am Ende meiner Bahn,
Hoff' ich, soll voll Milde
Mir der Todesengel nahn
Ach, in diesem Bilde.

Wind und Glück.

Stets, wenn das Segel zur Fahrt nur schlaff hing, hört' ich den Bootsmann
    Pfeifen; begierig gemacht, fragt' ich ihn einst um den Grund.
Doch er bedeutete mich, schlau lächelnd: der Wind ist ein Vogel,
    Welcher gelockt sein will. Sagt' es und flötete fort.
Und so sing' ich gefaßt mein Lied in schwererer Zeit nun,
    Da mich das Leben bedrückt. Ist doch das Glück wie der Wind,
Flattert geflügelt umher in der Luft und harret des Lockrufs:
    Komm, Glücksvogel! Den Weg zeigt dir der leise Gesang.

Die junge Zeit.

1847.

Wohl schwillt mir hoch die Brust mit raschem Klopfen,
Seh' ich, im Angesicht des Schweißes Tropfen,
Die junge Zeit, wie sie gewaltsam ringt,
Wie sie, zu stetem Werk geschürzt die Lenden,
Ein neuer Herkules, mit Kinderhänden
Das Ungeheure schon vollbringt.

In tausend Schmieden bei der Essen Brande
Gießt sie das Erz, und schweißt in Eisenbande
Die weiten Länder, die ihr untertan;
Vom müden Saumroß, das sich wund getragen,
Nimmt sie das Joch, und schirrt vor ihrem Wagen
Den Dampf, den wilden Riesen, an.

Durch Felsenschachte wühlt sie ihm die Gänge,
Gewölbt und fest, daß in der düstern Enge
Des Schlotes Feuer rot wie Fackeln sprühn;
Sie schlägt ihm übers Tal mit Strom und Weilern
Wie einen Aquädukt aus hundert Pfeilern
Von Berg zu Berg die Brücke kühn.

Im Schiff, das keck entgegen jedem Winde
Ihr Dämon treibt, durchfliegt sie pfeilgeschwinde
Zum fremden Küstenland die salz'ge Bahn;
Stolz flattert wie ein Busch von schwarzen Federn
Der Rauch am Mast, und grollend in den Rädern
Knirscht der bezwungne Ozean.

Des frost'gen Nords, des heißen Südens Sterne
Schlingt sie zum Kranz, schon gibt es keine Ferne;
Vorm Hammerschlage ihrer mächt'gen Hand,
Wie einst vor Israels Posaunenschalle
Die Mauern Jerichos, zerbarst im Falle
Des Raumes eh'rne Scheidewand.

Und sieh, nun braust es her auf tausend Wegen,
Was nie sich schaute, tritt sich keck entgegen,

Bunt sind die Trachten, das Gedräng ist dicht –
Der Bergschütz grüßt den Reitersmann im Panzer,
Der deutsche Bauer schaut dem Steppenpflanzer
Ins tiefgebräunte Angesicht.

O welch ein endlos Wühlen, welch ein Rauschen!
O welch ein Markt, welch Hinundwiedertauschen
Von Schätzen, wie sie jede Zon' erzieht!
Jeder ist Kaufmann, und mit ew'gem Schwanken
Von Mann zu Mann gehn Waren und Gedanken,
Des Juden Gold, des Sängers Lied.

Der tote Buchstab weicht lebend'ger Rede,
Gekämpft wird Blick in Blick der Geister Fehde,
Und wieder schließt sich Hand in Hand der Bund;
Frohlockend spürt der Stamm im Bruderstamme
Sein eigen Blut, es schwebt wie eine Flamme
Der Freiheit Wort auf jedem Mund.

Glückauf, und magst du's stets im Herzen tragen
Bei deiner Hast, bei deinem Mühn und Wagen!
Glückauf, glückauf, du junge Zeit von Erz!
Und doch – muß ich so ganz versenkt dich schauen
In Stoff und Wucht – beschleicht mit leisem Grauen
Mir oftmals eine Furcht das Herz:

Du möchtest einst im Rauche deiner Essen,
Im Trotze deines Riesenwerks vergessen,
Daß droben einer sitzt auf ew'gem Thron,
So lang vergessen, bis er in Gewittern
Herabsteigt, was du bautest zu zersplittern,
Wie jenen Turm von Babylon.

Frühlingsbrausen.

Nun knospt im Sonnenschein
Das erste Grün der Halde;
Nun lasset ganz allein
Dahin mich gehn im Walde!

Ich will am frühen Duft
Der Veilchen mich berauschen,
Dem Brausen in der Luft,
Dem heil'gen, will ich lauschen.

O Laut, in welchem sich
Zuerst der Lenz enthüllet,
Und der wie keiner mich
Mit süßen Schauern füllet!

Mir ist's, als schlief' in dir
Der Einklang aller Stimmen,
Die später durchs Revier
Des Mais gesondert schwimmen;

Als sprächst du aus gesamt
Die tausend Schöpfungstriebe,
Damit die Welt durchflammt
Der Ratschluß ew'ger Liebe.

Du mahnest wundersam
Mich an das Sausen wieder,
Drin einst zu Pfingsten kam
Der Geist des Herrn hernieder.

Verstummend muß ich dir
Mein Haupt in Andacht beugen:
O komm, zu ruhn in mir,
Und heil'ge Kraft zu zeugen!

Am Meere.

O leiser Wogenschlag, eintönig Lied,
Dazu die Harfe rührt der müde Wind,
Wenn Well' auf Welle blinkend strandwärts zieht,
Und dann auf goldnem Ufersand verrinnt:
Wie oft in märchenhaftes Traumgebiet
Verlockte mich dein Wohllaut schon als Kind.
Versunken stand ich dann und lauschte tief,
Bis mich die Nacht vom lieben Strande rief.

Und alles, was Geheimnisvolles je
Mir kund ward, dämmert' auf in meinen Sinnen:
Durchsicht'ge Schlösser auf dem Grund der See
Mit Silberpfeilern und Korallenzinnen;
Meerkönig saß mit seinem Bart von Schnee
Auf buntem Muschelstuhl, und harfte drinnen,
Und Nixen spannen zu dem süßen Schall
Von goldnen Spindeln Fäden von Kristall.

Doch, als ich älter ward, da lauscht' ich nicht
Auf weiße Nixen mehr, noch auf Sirenen;
Mein eigen Leben blühte zum Gedicht,
Und wieder trug zum Strand ich all mein Sehnen.
Dem Seewind bot ich mein erhitzt Gesicht,
Er kühlte mich und küßte mir die Tränen
Vom Auge fort – ich aber sprang ins Boot
Und steuert' heiß hinaus ins Abendrot.

Und überm Wasser sang ich – mild und wild,
Reimlose Weisen, wie des Herzens Drang
Sie eingibt, wenn's bis zum Zerspringen schwillt,
Nun jauchzend, nun in Sehnsucht todesbang;
Heiß wie die Träne, die bewußtlos quillt,
So flutet' aus der Seele mein Gesang,
Der jungen Liebe kunstlos rauhes Lied,
Das erste, das die Muse mir beschied.

Und wenn des Mondes klares Auge dann
Im Blauen aufging und auf weiter Flut

Sein kühles Silber irren Scheines rann,
Da ward mir still und friedensvoll zumut.
Das Ruder zog ich ein, und saß und sann
Von goldner Zukunft. O es sinnt sich gut
Im Kahne – nichts umher in Näh' und Ferne,
Als Lieb' und Meer, und über uns die Sterne.

Einst kehrt' ich heim – o wie ich da sie fand,
Mein lockig Kind, das spät zum Strand gegangen,
Und wie ich schwieg und sie mich doch verstand,
Und selig glüht' und doch verstummt' in Bangen,
Wie meine Lippe brannt' auf ihrer Hand
Gleich Flamm' auf Schnee, und dann auf ihren Wangen,
Und dann in wonn'gen Zähren all ihr Stolz,
In langen Küssen all ihr Wesen schmolz:

Wer sänge das! – Ein Jüngrer könnt' es kaum,
Von ros'ger Schönheit zum Gesang geweiht,
Ein Jüngrer, dem der Seele duft'gen Flaum
Noch nie versehrt des Schicksals Bitterkeit.
Mir aber liegst du fern schon wie ein Traum,
Du meines Herzens süße Veilchenzeit,
Du goldne Dämmrung, ach, mit allen Wonnen
Verweht im Wind, wie Flut und Schaum zerronnen. –

Beruhigung.

Wenn ein Freund auf deinem Pfade
Dich mit Wort und Tat versehrt,
Denke still an Gottes Gnade,
Die dir täglich widerfährt.

Halt im Zaume deiner Seele
Sprüh'nden Zorn und denk an ihn,
Der nicht einmal deine Fehle,
Der sie tausendmal verziehn.

So bereit sei, sonder Klage
Zu verzeihn in jeder Frist,
Wie mit jedem neuen Tage
Er bereit zum Segnen ist.

Preis' ihn auch, daß er im Liede
Einen Balsam dir beschert,
Der da wirkt, daß neuer Friede
Stets in deinen Busen kehrt.

Ich sah den Wald sich färben.

Ich sah den Wald sich färben,
Die Luft war grau und stumm;
Mir war betrübt zum Sterben,
Und wußt' es kaum, warum.

Durchs Feld vom Herbstgestäude
Hertrieb das dürre Laub;
Da dacht' ich: deine Freude
Ward so des Windes Raub.

Dein Lenz, der blütenvolle,
Dein reicher Sommer schwand;
An die gefrorne Scholle
Bist du nun festgebannt.

Da plötzlich floß ein klares
Getön in Lüften hoch:
Ein Wandervogel war es,
Der nach dem Süden zog.

Ach, wie der Schlag der Schwingen,
Das Lied ins Ohr mir kam,
Fühlt' ich's wie Trost mir dringen
Zum Herzen wundersam.

Es mahnt' aus heller Kehle
Mich ja der flücht'ge Gast:
Vergiß, o Menschenseele,
Nicht, daß du Flügel hast!

Frohe Botschaft.

Nach langem, bangem Winterschweigen
Willkommen, heller Frühlingsklang!
Nun rührt der Saft sich in den Zweigen
Und in der Seele der Gesang.
Es wandelt unter Blütenbäumen
Die Hoffnung übers grüne Feld;
Ein wundersames Zukunftsträumen
Fließt wie ein Segen durch die Welt.

So wirf denn ab, was mit Beschwerden,
O Seele, dich gefesselt hielt!
Du sollst noch wie der Vogel werden,
Der mit der Schwing' im Blauen spielt.
Der aus den kahlen Dornenhecken
Die roten Rosen blühend schafft,
Er kann und will auch dich erwecken
Aus tiefem Leid zu junger Kraft.

Und sind noch dunkel deine Pfade,
Und drückt dich schwer die eigne Schuld:
O glaube, größer ist die Gnade,
Und unergründlich ist die Huld.
Laß nur zu deines Herzens Toren
Der Pfingsten vollen Segen ein,
Getrost, und du wirst neugeboren
Aus Geist und Feuerflammen sein.

Heimweh.

O Heimatliebe, Heimatlust,
Du Born der Sehnsucht unergründet,
Du frommer Strahl, in jeder Brust
Vom Himmel selber angezündet,
Gefühl, das wie der Tod so stark
Uns eingesenkt ward bis ins Mark,
Das uns das Tal, da wir geboren,
Mit tausendfarb'gem Schimmer schmückt,
Und wär's im Steppensand verloren,
Und wär's von ew'gem Schnee gedrückt:
Wohl keinem ward zum tiefsten Grunde
Von deiner Allgewalt die Kunde,
Der pilgernd nie aus seinem Ohr
Der Muttersprache Laut verlor,
Und nie, an fremder Tür gesessen,
Der Fremde bittres Brot gegessen.

Doch wer vom eignen Herd verbannt
Irrt in ungastlich fernem Land,
Der Wandrer, der auf wüstem Meer
Nur Luft und Wasser sieht umher,
Der Pilger, der mit kecken Sinnen
Durch Wälder, über Bergeszinnen
Auf irrem Pfad zu weit geschweift,
Der ist's, den deine Macht ergreift;
Doch wandelt ihm sich im Gemüte
Zum scharfen Dorn die Rosenblüte,
Du ziehst, o milde Heimatlust,
Als Heimweh durch die kranke Brust.

Dann bist du's, die im Frühlingswalde,
Im Veilchenhag, umspielt vom West,
Das arme Kind der eis'gen Halde
Nach seinem Norden schmachten läßt;
Dann bist du's, die mit herber Flamme
Des Polenflüchtlings Herz verzehrt,
Und die dem Sohn von Judas Stamme

Im Tod die Füße ostwärts kehrt,
Als möcht' er sterbend noch erstreben
Das Land, das ihm versagt im Leben;
Dann lockst du, klingt im Mondenglanze
Des Alphorns heimatsel'ger Gruß,
Zu Straßburg von der hohen Schanze
Den Schweizer in den wilden Fluß,
Und von den Klängen, von den Wogen
Wird er in seinen Tod gezogen.

*

Ich selber hab' in vor'gen Jahren
Dies wundersame Weh erfahren,
Da Ägeus' Flut wie lautres Gold
Zu meinen Füßen noch gerollt.
O wohl ist's schön an jenem Meer!
Die schlanke Palme sah ich ragen,
Der Tempel Säulentrümmer lagen
Umblüht von Rosen um mich her;
Der Himmel wölbte sich kristallen,
Von Düften schien die Luft zu wallen,
Zu leisem Zitherschlag erklang
Vom Meer des Fischers Abendsang,
Der in der Bark' auf lichter Spur
Gen Salamis hinüberfuhr.
Und doch! ich fühlte keine Lust,
Es schlich ein krankhaft brennend Sehnen
Wie Fieberhauch durch meine Brust,
Und kaum erwehrt' ich mich der Tränen.
Ich saß auf zack'gem Fels und lauschte,
Ob nicht aus Nord ein Lüftchen rauschte;
Das sog ich durstig atmend ein,
Als ob's mich tief erquicken müßte;
Es konnte ja zur fernen Küste
Ein Gruß aus Deutschlands Wäldern sein.

Und ward es still, dann blickt' ich wieder
Hinab ins Buch auf meinen Knien

Und ließ die alten goldnen Lieder
Homers durch meine Seele ziehn;
Den eignen Schmerz dann fühlt' ich mit
Im Jammer, den der Dulder litt,
Ich sucht' ihn in des Sängers Tönen
Zugleich mit jenem zu versöhnen.
Da wurdest du in meinem Weh
Mir oftmals Hoffnung, Trost und Steuer,
Du ewig Lied der Abenteuer,
Du Lied des Heimwehs, Odyssee!

Daheim.

Daheim Daheim, daheim! Nach so viel Wandertagen,
Nach so viel Nächten, wo ich sturmverschlagen
Schlaflos im Schiff ersonnen meinen Reim,
Nach Frost und Glut auf öden Felsenstiegen,
Nach ew'ger Hast – o welche Zauber liegen
In diesem kleinen Wort: Daheim!

Nun knattert im Kamin mit raschem Schimmer
Die Flamme schon; mein holzgetäfelt Zimmer
Erdämmert rosig. Müßig schau ich zu.
Der Armstuhl hier mit den gewundnen Füßen,
Die alten Bilder – alles will mich grüßen
Mit einem Hauche tiefer Ruh;

Die Bücher dort, die mir mit goldner Kunde
Hinweggetäuscht so manche schwere Stunde,
Der Hausrat, den die Mutter noch gewählt,
Die Wanduhr selbst, die mit verhaßtem Schlage
Mich oft ins Bett trieb, wenn die schönste Sage
Die blonde Schwester mir erzählt;

Und hier das Fenster! Ja, das sind die Straßen,
Wo wir einst spielten, wo wir abends saßen
Zur Sommerzeit, vom Lindenduft umwebt;
Dort stehn die Türme, dort aus Stein gebacken
Die schwarzen Giebel, hinter deren Zacken
Der Mond die Silberscheibe hebt.

Und durch die Dämmrung flatternd das vertraute
Geschwätz der Mädchen, die bekannten Laute,
Nach denen sich so oft mein Herz gesehnt,
Wenn ich, indes der Beifall stürmisch rauschte,
Mit halbem Ohr der fremden Weise lauschte,
In einer Loge Samt gelehnt.

Ach alles, alles, – hell ins Auge schießen
Die Tränen mir; sei's drum, sie mögen fließen!
Was lächelt ihr? – Laßt mich, ich bin ein Kind.

Ihr aber, nie entflohn aus eurem Ringe,
Ihr wißt es nicht, wie lieblich diese Dinge
Nach jahrelangen Fahrten sind.

Ihr wißt auch nicht, wie selbst am Starren, Toten
Vom Geiste, der darüber einst geboten,
Ein Schimmer hängen bleibt, ein irres Licht;
Wißt nicht, wie in Geräten, Häusern, Bäumen
Wohnt eine Stimme, die gleichwie aus Träumen
Der eignen Jugend zu euch spricht;

Noch wißt ihr, daß am Born in Waldes Mitten,
Wo ihr mit eurem Mädchen sonst geschritten,
Am Eichbaum, drein ihr eure Namen schriebt,
Euch noch nach Jahren, einsam hingetrauert,
Wie Rosenduft ein leiser Hauch umschauert
Der Liebe, die ihr einst geliebt.

Wiedersehen.

Ich schritt mit meinem schönen Kinde
Den Fluß hinab im Morgentau,
Das Schilfrohr wogte sacht im Winde,
Die Wasser glänzten still und blau.

Erst gestern war aus weiter Ferne
Ich heimgekehrt nach manchem Jahr,
Doch war mit mir gleich einem Sterne
Ihr Bild gezogen immerdar.

Und ob im Lande der Zypressen
Manch dunkles Auge mich gebannt;
Des blauen hatt' ich nie vergessen,
Das, als ich schied, in Tränen stand.

Und jetzt gedacht' ich's ihr zu sagen,
Wie lieb sie mir von Herzensgrund;
Allein ein nie gekanntes Zagen
Verschloß mir, wie ich ging, den Mund.

Auch sie ließ stumm das Köpfchen hangen,
Das sonst so munter umgeschaut;
Doch lag's wie Glut auf unsern Wangen,
Und unsre Herzen pochten laut.

Und als zum Lindenborn wir kamen,
Der unsrer Kindheit Spiel gekannt,
Nur leise nannt' ich ihren Namen
Und drückte fester ihre Hand.

Da überkam sie's: all mein Sehnen
War plötzlich wortlos ihr bewußt,
Und heiß beströmt von sel'gen Tränen,
Barg sie das Haupt an meiner Brust.

Der Frühling ließ Maiblumendüfte
Herüberwehn vom Waldeshang,
Und über uns im Blau der Lüfte
War nichts als Glanz und Lerchensang.

Nach zehn Jahren.

In der Schwester Haus nach langer Irrfahrt
Trat ich ein; da hört' ich's drinnen jauchzen
Hell von unbekannten Kinderstimmen.
Sieh, und im Gemach, in das der Abend
Golden flutete durch schattend Weinlaub,
Sah ich wohlgemut die Kleinen spielen,
Sieben an der Zahl. Die blonden Häupter
Tummelten im reich ergoßnen Schimmer
Froh umher, und wie die Rosen blühten
Ihre Wangen von gesunder Frische.

Ach, sie alle waren nicht geboren,
Als ich auszog durch die Welt zu schweifen,
Selbst die Namen wußt' ich kaum zu nennen.
Still verwundert drum mit großen Augen
Schauten sie mich an, das Spiel verstummte,
Und die Älteste, mir schüchtern nahend,
Fragte mit der Mutter Ton: wer bist du?
Doch da kam die Schwester. In die Arme
Sank ich ihr, und dann voll Wonne zeigte
Sie die Kinder mir, den Schatz des Hauses,
Der so lieblich sich gemehrt, und zeigte
Dann den heimgekehrten Ohm den Kindern.
Und nun gab's ein Jubeln, rasch entschlossen
Kletterten an mir empor die Buben,
Mich zu küssen, und die Mädchen bogen
Mir das Haupt herab, und selbst das Kleinste,
Das sich erst gescheut vor meinem Barte,
Tastete nach mir mit seinen Händchen.

O wie ward mir's wohl, so ganz umschlungen,
Ganz umrankt vom jungen, frischen Leben,
Das wie eine Bienentraub' am Stocke
Um mich hing und tausend Wunder fragte!
Aber leise ging ein Hauch der Wehmut
Durch das Herz mir doch, denn diese Küsse,
Diese Fragen, die mich rings bestürmten,

Mahnten sie zugleich nicht: so viel Schritte
Sie getan ins Leben, so viel Schritte
Hast auch du getan dem Tod entgegen,
Und schon reift in ihnen täglich rascher
Das Geschlecht, das über deinem Grabe
Wandeln soll, und selig sein, und weinen.
Und wie segnend legt' ich meine Hände
Auf ihr Haupt und dachte still die Worte:
Seid gegrüßt, ihr holden Todesboten!
Seid gegrüßt, ich dank' euch, daß so lieblich
Ihr den ernsten Gruß an mich bestellt habt.
Aber ihr – zu vollem Leben freudig
Wachset auf, daß, wenn ich einst dahin bin,
Ihr vollenden mögt mit euren Brüdern,
Was ich selbst und mein Geschlecht nicht konnte.

Am Bergsee.

Am Bergsee, wo die Wipfel steigen,
Bis in die Nacht hab' ich gelauscht,
Da hat der Wald mit seinen Zweigen
Die alte Zeit mir wach gerauscht:

Die Zeit, die nach zu kurzem Schimmer
Wie eine Sonn' hinabgeglüht,
Von der ein Nachglanz mir noch immer
Wie Spätrot in der Seele blüht:

Die Zeit, da ich mit dir geschritten,
Geliebtes Kind, im tiefen Hag,
Da ich in hoher Buchen Mitten
Zu deinen Füßen träumend lag;

Da du dein Aug' in meines senktest,
Und lächelnd bald und weinend bald
Mir deine junge Seele schenktest,
Und niemand wußt' es, als der Wald;

Da deine Hände mich gesegnet
Und deine Lippen, fromm gefeit,
Den meinen sanft im Kuß begegnet
Und sie zu reinem Lied geweiht.

O Zeit der Liebe, Zeit der Lieder,
Der stillen, grünen Waldeslust,
Wie zog von dir ein Odem wieder
Sehnsüchtig heut durch meine Brust!

Und du, die ewig mir erlesen
In meines Herzens Tiefen ruht,
Wie grüßte still mich all dein Wesen
Aus Laub und Dämm'rung, Luft und Flut!

Der nächtlich tiefe Himmel blaute,
Auf ging der Mond im dunklen See:
Mir aber war's, dein Auge schaute
Zu mir empor in stillem Weh.

Und da hinab die Bergeslehnen
Der Wind den feuchten Wald durchstrich,
Da fiel der Tau wie kühle Tränen,
Wie deine Tränen über mich.

Da hielt ich's nicht. Mit wildem Klopfen
Unbändig quoll mein Herz empor,
Und heiß vom Auge fühlt' ich's tropfen,
Wie damals, da ich dich verlor.

Einem Freunde.

O wenn dahin die erste Jugend,
Die schuldlos noch, noch ohne Tugend
Den Tag verschwärmt im Sonnenglanz,
Die unter ahnungsvollen Schauern
Die Mondnacht heut verwacht in grundlos süßem
Trauern,
Und morgen sie durchstürmt im Tanz;
Wenn dieser holde Rausch verflogen,
Der, an Erkenntnis arm, verschwendrisch im Gefühl,
In unermeßlichem Gewühl
Von Well' in Welle dich gezogen:
Wie weht so wunderbar dich dann
Des Lebens frischer Morgenschauder an!

Ach, von den Dingen, drin du webtest,
Siehst du dich plötzlich losgetrennt;
Du fühlst, daß du in goldnen Träumen lebtest,
Und suchest sehnsuchtsvoll dein wahres Element.
Nicht länger kannst du dich vergeuden,
Des großen Alls bewußtlos kleiner Teil:
Es strebt dein Geist nach eignen Freuden,
Nach eignen Schmerzen, eignem Heil.

Und sieh, in nimmermüdem Ringen
Erbaust du deine stille Welt;
Die Seele strebt mit jungen Schwingen
Aus Zweifeln kühn zum Himmelszelt.
Die milde Wärme, die dein Herz ertauschte
Für hast'ge Glut, sie bricht dir standhaft Bahn,
Und die Natur, die dich berauschte,
Sieht dich mit klaren Augen an.

Ach, wenn sich's dann wie Traumeshülle,
Wie Nebel dir vom Blicke streift
Und himmlischer Gedanken Fülle
In deinem Haupte wachsend reift;
Wenn aus verworrner Vorzeit wildem Handeln,

Aus jeder Tat, die heute ward,
Wie aus des Jahres heil'gem Wandeln
Ein ewig Walten dir sich offenbart,
Wenn jene Sterne, die dort oben kreisen,
Der Weltgeschlechter Gang, der kleinste Halm am
Bach,
Dein eigen Herz in wundervollen Weisen
Dir *eines* künden tausendfach:
Dann will dein Busen weit sich dehnen,
Dich faßt ein unaussprechlich Sehnen,
Des innern Schatzes los zu sein;
Umsonst, es fehlt die Hand, um ihn zu heben.
Dein Bestes kannst du niemand geben,
Und wie du suchst – du bist allein.

Dann halte fest, dann laß aus deinem Herzen
Den Glauben dir hinweg nicht scherzen,
Ertrage still die Wucht der Einsamkeit;
Wie toll dich Widerspruch umschwirre,
Harr' aus in Hoffnung und in Leid,
Und werd' am Gott in deiner Zeit,
Und werde an dir selbst nicht irre.
Getrost! Es kommt des Bangens Endnis,
Wo eine Seele dir verwandt entgegentönt
Und Lieb' in seligem Verständnis
Dich mit dem Leben hold versöhnt.

Herbstlich sonnige Tage.

Herbstlich sonnige Tage,
Mir beschieden zur Lust,
Euch mit leiserem Schlage
Grüßt die atmende Brust.

O wie waltet die Stunde
Nun in seliger Ruh!
Jede schmerzende Wunde
Schließet leise sich zu.

Nur zu rasten, zu lieben,
Still an sich selber zu baun,
Fühlt sich die Seele getrieben,
Und mit Liebe zu *schaun*.

Und so schreit' ich im Tale,
In den Bergen, am Bach,
Jedem segnenden Strahle,
Jedem verzehrenden nach.

Jedem leisen Verfärben
Lausch' ich mit stillem Bemühn,
Jedem Wachsen und Sterben,
Jedem Welken und Blühn.

Selig lern' ich es spüren,
Wie die Schöpfung entlang
Geist und Welt sich berühren
Zu harmonischem Klang.

Was da webet im Ringe,
Was da blüht auf der Flur,
Sinnbild ewiger Dinge
Ist's dem Schauenden nur.

Jede sprossende Pflanze,
Die mit Düften sich füllt,
Trägt im Kelche das ganze
Weltgeheimnis verhüllt.

Schweigend blickt's aus der Klippe,
Spricht im Wellengebraus,
Doch mit heiliger Lippe
Deutet die Mus' es aus.

Der Templer.

Durchs Haus des Ordens bei des Tags Verfärben
Schleicht unheilvolle Kunde hin und her:
»Der Tempelmeister Odo liegt im Sterben.«

Und jedem, der sie hört, bewölkt sich schwer
Die heitre Stirn, und seine Lippen fragen:
»Ist's möglich? *Der* soll uns verlassen, *der?*

Er geht dahin, der noch vor wenig Tagen
Den wilden Berberhengst zu stöhnen zwang,
Der mit der Faust den Panther jüngst erschlagen?

Der in der Feldschlacht wildverworrnem Drang,
Bespritzt mit Blut bis zu den Gürtelschnallen,
Zu Todesstreichen Liebeslieder sang?

Auch er! So soll er nie beim Würfelfallen
Mit uns durchzechen mehr die tiefe Nacht,
Der einzige, der nüchtern bleibt von allen;

Nie soll er mehr, von toller Brunst entfacht,
Ein hold schwarzäugig Heidenkind umwinden,
Von dessen Lippen heiß die Wollust lacht.

Auch werden wir ihn nimmer wandelnd finden
Im Mondschein auf der Mauern weitem Rund,
Und mit den Sternen sprechend, mit den Winden.

Denn mancherlei Geheimnis ward ihm kund,
Und seltsam mag's um seinen Glauben stehen;
Doch tat er nie darüber auf den Mund.«

So summt die Rede, und die Ritter gehen
Zu Odos Zelle, noch ein letztes Mal
Ihn, der des Ordens Pfeiler war, zu sehen.

Sie treten ein. Im fahlen Dämmerstrahl
Auf seinem Binsenlager ruht der Blasse;
Aus seinem Auge brennt des Fiebers Qual.

Die Hand, als ob sie noch nach Leben fasse,

Greift irr umher, die Lippe krampft sich an,
Daß sie des Schmerzes Schrei hervor nicht lasse.

Da naht im ernsten Zuge der Kaplan
Mit Kreuz und Kerzen beim Gesang der Lieder,
Der Kranke soll den letzten Trost empfahn.

Und vor dem Sakramente sinken nieder
Aufs Knie die rotbekreuzten Brüder all,
Er aber richtet auf die hagern Glieder.

Und seine Stimme ruft mit dumpfem Schall,
Wie wenn im Sturm geborstne Glocken läuten:
»Hinweg! Nicht bin ich eurer Furcht Vasall!

Hinweg mit Formeln, die mir nichts bedeuten!
Ich will nicht Tröstung. Immer war's mein Brauch,
Das, was mir not war, selbst mir zu erbeuten;

Den Sieg der Schlacht, der Minne glüh'nden Hauch,
Die Wahrheit selber, die ich nackend schaute;
Nun kommt der letzte Feind, ich zwing' ihn auch.

Was starrt ihr alle, gleich als ob euch graute,
Lebend'ge Säulen wie das Weib des Lot?
Ich denke, klar sind meines Spruches Laute.

Hat einer einst den Tod gemacht zu Spott,
Und ihn gekrümmt zu seinem Fuß gesehen:
Ich tu's ihm gleich. Der Will' in mir ist Gott.

Und dieses Wort laß ich an euch ergehen:
Kraft meines Willens und kraft meiner Kraft
In dreien Tagen werd' ich auferstehen.

Ich will, ich will« – In Murmeln grausenhaft
Erstirbt das Wort, sein Auge stiert im Kreise,
Er schlägt zurück aufs Bett, vom Tod entrafft.

Die Ritter stehn verstummt, sie schaudert leise;
Der Priester aber heißt das Rauchfaß schwenken,
Und summt gebeugt die dumpfe Totenweise.

Und als herauf der Mittnacht Sterne lenken,
Da wallt der Zug, bei düsterm Fackelschein

Im Münsterchor den Leichnam zu versenken.

Die offne Gruft empfängt den schwarzen Schrein,
Drauf sie zum Wappen Schwert und Mantel legen;
Dann wälzt sich drüber hohlen Schalls der Stein.

Ein kurz Gebet – und auf geschiednen Wegen
Sucht jeder sein Gemach, verstört im Sinn,
Und träumet bang dem Morgenrot entgegen.

Es steigt der Tag und ruhig vom Beginn
Zum Ende schlingt sich seiner Stunden Kette;
Der zweite kommt, der dritte schwindet hin.

Doch als die dritte Mitternacht zur Mette
Die Brüder all versammelt hat im Chor,
Geht unterirdisch Brausen durch die Stätte.

Und sieh, der jüngste Grabstein birst empor,
Und im gesprengten Sarg aus Bühr' und Linnen
Ringt langsam sich ein greulich Bild hervor.

Das Auge stumpf, verglast, gekehrt nach innen,
Im fahlen Antlitz der Verwesung Graus,
So strebt es auf, als wollt's der Gruft entrinnen;

Die Lippen regt's, doch dringt kein Ton heraus,
Nun tastet's mit den halbverdorrten Händen,
Nun steigt's und streckt die Arme greifend aus.

Da plötzlich aus der Gruft betropften Wänden
Schießt zischend her von Schlangen ein Gewühl,
Und strickt im Knäul sich ihm um Bauch und Lenden.

Mit ihren Leibern feucht und moderkühl
Die ganze Leich' umzingeln sie in Scharen,
Zurück sie zerrend auf den Totenpfühl.

Und als die Brüder mit gesträubten Haaren
Die Fackel nahn, zu prüfen, was sie sahn:
Nur Schlangen können sie und Staub gewahren.

Da starren all' entsetzt. Nur der Kaplan
Hat seines frommen Mutes nicht vergessen,

Und schaudernd spricht er: das hat Gott getan!

Über den sünd'gen Geist, der sich vermessen,
Das Werk des Herrn zu tun aus eigner Kraft,
Ist er im Zorne zu Gericht gesessen.

Der Will' ist stark nur, den Gott selber schafft,
Wir aber flehn: in deines Sohnes Namen
Erlös' uns, Herr, einst von des Todes Hast!

Die Ritter kreuzen sich und murmeln: Amen.

Das Geheimnis der Sehnsucht.

Nun wandelt von den Bergen sacht
Zum See herab die Sommernacht,
Und träumerisch mit heißem Sinn
Durch ihre Schatten schreit' ich hin.
Berauschend schwimmt im Strom der Luft
Daher der Rebenblüte Duft,
Der Glühwurm webt die lichte Bahn
Im Dunkel an des Turms Gemäuer,
Und droben glühn mit tiefem Feuer
Die Sterne rätselhaft mich an.

Dies ist die Stunde, da das Lied
Der Sehnsucht durch die Lüfte zieht,
Die tief in Wald, Gestein und Flur
Der Kern ist aller Kreatur:
Der Sehnsucht, die durch Felsen dicht
Den Quell emporzwingt an das Licht,
Die nach dem Himmel aus dem Wald
Mit tausend grünen Armen greift,
Aus hartem Stein als Echo hallt,
Im irren Wind die Welt umschweift,
Die aus der Nachtigallen Kehle
Im Silberton hinperlend quillt
Und aus der Blumen Auge mild
Dich anschaut mit der stummen Seele.

O Sehnsucht, die du wie ein Kind,
In Schlaf gelullt durch süße Lieder,
Doch stets aufs neu erwachst und wieder
Zu weinen anhebst leis und lind,
Wie nimmst du heut mir Herz und Sinn
Mit deiner Klage ganz dahin!
Mir ist's, ich müßte Flügel heben
Und körperlos ins Weite schweben,
Verschenken müßt' ich wonniglich
Mein bestes Sein, mein tiefstes Ich;
Den ganzen Schatz der vollen Brust,

Andacht und Liebe, Schmerz und Lust,
Der innersten Gedanken Hort,
Ich müßt' ihn in ein einzig Wort
Als wie in güldnen Kelch beschließen,
Um ihn verschwendrisch hinzugießen.

Umsonst! Kein Wort, sei's noch so groß,
Macht dich des tiefen Dranges los,
Den heißen Durst der Seele stillt
Kein Brunnen, der auf Erden quillt.
Wohl wähnt' ich einst in goldnen Stunden,
In meines Herzens Maienzeit,
Des Rätsels Lösung sei gefunden,
Und Minne heile jedes Leid;
Doch was so hoch mir war, so lieb,
Mir ward es – und die Sehnsucht *blieb*.

Darum zur Ruh, mein wild Gemüt!
Nicht alles wird hier Frucht, was blüht;
Du trägst, der Erde stummer Gast,
In dir, was nur der Himmel faßt.
Was für und für so ruhelos
Dich dunkel treibt auf deinen Wegen,
Es ist das erste Flügelregen
Des Falters in der Puppe Schoß;
Dir selbst bewußt kaum, ist dein Leid
Ein Heimweh nach der Ewigkeit.

Ein Bild.

Leichtsinnig, redlich, Mann und Kind zugleich,
Voll Übermut und Demut, starr und weich,
Von Sinnen wild und stets damit im Streit,
Verfolgt von Lieb' und doch in Liebesleid,
Ein Wandervogel voll Begehr nach Ruh,
Ein Weltkind, das sich sehnt dem Himmel zu –
O Bild des Widerspruchs, wann kommt der Tag,
Der allen deinen Zwiespalt sühnen mag!

Schlaf und Erwachen.

Ins Gebirg am frühen Tag
Schritt ich aus des Weidmanns Hütte,
Wo der Freund auf seiner Schütte
Noch in tiefem Schlummer lag.

Und ich dacht' im Morgenrot:
Ruht dem Schlaf anheimgegeben
Er nicht lebend ohne Leben?
Nicht ein Toter ohne Tod?

Liegt vom ird'schen Druck besiegt
Willenlos nicht hier die Hülle,
Während halbgelöst die Fülle
Seines Geists im All sich wiegt?

Dennoch braucht's nur meiner Hand
Einen Druck, und rasch vereinet
Knüpft sich, was so locker scheinet,
Zwischen Geist und Leib das Band.

Der erloschne Blick wird glühn,
Zucken wird der Muskeln jede,
Und der Geist in holder Rede
Von den stummen Lippen sprühn.

In dies Wunder noch versenkt,
Trat ich in die Nacht der Eichen,
Die, sich wipfelnd, mit den reichen
Schatten rings den See beschränkt.

Horch, da weht' es, horch, da ging
Leis Geräusch im Grün des Haines,
Fast als wär's das Atmen eines,
Welchen tiefer Schlaf befing.

Seltsam sah der See mich an,
Wie ein stummes Auge schmachtet,
Wenn das kranke Haupt umnachtet
Todverwandter Starrheit Bann.

Und durch Blume, Laub und Strauch
Wob es leise hin und wieder,
Wie durch traumgebannte Glieder
Ein verlorner Seelenhauch.

Ja, ich spürt' im Waldrevier,
In der Flut ein ahnend Beben –
Hier auch Leben sonder Leben,
Tod, doch sonder Tod auch hier.

Und mir ward es: *die Natur
Schläft*, gebannt in ihren Kreisen;
Aus dem Traum in dunklen Weisen
Redet ihre Sehnsucht nur.

Aber einst erscheint der Tag,
Wo das Wunder sich entdecket
Und der Herr zur Sprache wecket,
Was in stummen Banden lag.

In das Starre wunderbar
Wird der Geist sich dann ergießen
Und lebendig Leben fließen,
Wo nur Bild und Zeichen war.

Heilig Feuer muß mit Macht
Den besiegten Stoff durchleuchten;
Milde Seele glüht im Feuchten,
Ros'ge Dämmrung wird die Nacht.

Und was dumpfverworren klang,
Wie ein Ruf aus dunkeln Träumen,
Aus Gestein, aus Well' und Bäumen,
Flutet weiter als Gesang.

Dann lobpreisend im Azur
Ziehn die Stern' als Bruderwesen,
Und es jauchzt in Gott genesen
Die erlöste Kreatur.

Zeitgedichte.

Ein Lied am Rhein.

Durch diesen Herbstestag voll Sturm
Zum Drachenfels empor die Steige!
Schon winkt zu Häupten mir der Turm,
Der breite, durch die falben Zweige.
Da steh' ich – roter Sonnenschein
Umlodert königlich die Klippe;
Zu meinen Füßen braust der Rhein –
Mir schlägt das Herz. O reichet Wein,
Das volle Glas reicht meiner Lippe!

Dir sei's, o deutsches Volk, gebracht,
Dem *einen*, großen, wundervollen,
So weit der Himmel um dich lacht
Und über dir die Donner rollen!
Was kümmert's mich, auf Stein und Holz
Wie deiner Wappen Farben streiten!
Ich meine dich, das jüngst noch stolz
In Hamburgs Brand zusammenschmolz
Korinthisch Erz für alle Zeiten.

Und wieder füllt den Römer mir!
Laßt sprühn, laßt sprühn die goldnen Funken!
Er sei aus vollem Herzen dir
Zum Preis, o deutscher Geist, getrunken;
Dir, der sich aus den Tiefen nährt,
Der gleich dem wilden Sohn der Trauben,
Wenn er im Lenze braust und gärt,
Zu süßerm Feuer nur sich klärt,
Dir Geist voll Liebe, Kraft und Glauben!

Und nochmals füllt! Und wenn darein
Die Neigen aus der Flasche troffen:
Es soll darum nicht schlechter sein;
Den letzten Becher unserm Hoffen!
Dem Wort ein fröhlich Auferstehn,

"

Dem freien Kampfe der Gedanken!
Laßt kühn des Geistes Stürme gehn!
Was Spreu ist, mag wie Spreu verwehn,
Was Felsen ist, wird doch nicht wanken.

Vorwärts heißt unser Losungswort,
Und durch die Reihen rauscht's im Volke –
Ein Schneegestöber dräut vom Nord,
Und dort im Westen murrt die Wolke.
Vorwärts darum am eignen Herd,
Daß Jenas Schmach sich nicht erneue!
Vorwärts! Und wenn's der Tag begehrt,
Dann blitz' in jeder Faust ein Schwert,
Und Gott mit uns und deutsche Treue!

Fragment.

Die Nacht ist lau, die Schwäne kreisen,
Entschlummert scheinen Blüt' und Blatt,
Lehn dich auf des Geländers Eisen,
Dort zeigt am schönsten sich die Stadt.
Siehst du den Häuserkreis, den dunkeln,
Aus welchem tausend Lichter funkeln,
Die tief sich spiegeln in der Flut?
So ist's, wenn mit geschliffnen Kanten
Ein Kranz von blitzenden Demanten
Auf blauem Sammetkissen ruht.

Komm näher! Sieh, wie hier in Massen
Die Menschenwoge sich ergießt!
Dies sind die Häuser, sind die Gassen
Wo man erwirbt, wo man genießt.
Von lichtem Kerzenglanz umflossen,
Ruht hier im Prunkgewölb erschlossen
Der fernsten Zonen Schmuck und Zier;
Und horch, aus jenen Säulenhallen
Durchs Klirren der Pokale schallen
Der Gäste Lieder. Lauschen wir!

»Laßt andre beten, andre fasten!
Für unsre Stirn der Freude Kranz!
Uns führen hunderttausend Masten
Die Götter her: Genuß und Glanz.
Es schafft die Welt an allen Enden
Für unser Fest mit tausend Händen,
Die Wahl des Köstlichsten ist schwer;
Die Hügel zollen süße Weine,
Die Berge geben Gold und Steine,
Und seine Perlen gibt das Meer.

»Schaut dies Gemach an! Die Tapeten
Hat China bunt uns ausgespannt;
Der farb'ge Teppich, drauf wir treten,
Kommt aus der Smyrnioten Hand;

Das Holzwerk, das geädert glänzet,
Hat einst als laub'ger Wald umkränzet
Den hohen Bord von Martinique!
Antwerpen wob des Vorhangs Sammet,
Und aus Venedigs Spiegel flammet
Die Ampel von Paris zurück.

»Drum laßt uns keinen König neiden!
Für ihn die Macht, für uns die Lust!
Mag er in Waffenschmuck sich kleiden,
In Seiden weicher schläft die Brust;
Mag er um Schweiß sich Ruhm erkaufen!
Was frommt ihm, wenn die Zeit verlaufen,
Der Lorbeerkranz, der Thronen Sturz?
Wir wollen, wo die Tafeln brechen,
Den ros'gen Augenblick verzechen;
Das Grab ist schwarz, das Leben kurz.

»Und schafft Musik zum reichen Tische!
Sie flute halbgehört dahin
Und wie ein kühles Bad erfrische
Verhallend sie den heißen Sinn.
Wie lieblich ist's, ihr nachzuträumen,
Wenn in den bildervollen Räumen
Sich Kerzenglanz und Mondlicht mischt,
Und wenn dazu in schäum'gen Strahlen
In weite rotkristallne Schalen
Aufperlend der Champagner zischt!

»Und laßt's an Mädchen, laßt's an losen
Schenkinnen uns gebrechen nie!
Sie sind des Freudengartens Rosen,
Sie sind des Festes Poesie.
Zwei dunkle, wollustfeuchte Augen,
Zwei frische Kirschenlippen taugen
Mehr als ein schwer Gespräch zur Lust:
Die Schönheit bleibt des Lebens Giebel,
Und schöner als die schwarze Bibel
Ist einer Dirne weiße Brust!«

So schwärmen sie. Wohl singt zur Stunde

Der Turm, der dort so finster steht,
Mit seiner Glocken ehrnem Munde
Ein Lied, und mahnet zum Gebet.
Doch drunten tost der Jubel weiter,
Es rollen Wagen, jagen Reiter,
Trompeten jauchzen durch die Nacht;
Zu wildern Gluten schürt der Becher
Den trunknen Übermut der Zecher,
Und niemand hat der Mahnung acht. – –

Protestlied für Schleswig-Holstein.

Es hat der Fürst vom Inselreich
Uns einen Brief gesendet;
Der hat uns jach auf einen Streich
Die Herzen umgewendet.
Wir rufen: Nein! und aber: Nein!
Zu solchem Einverleiben;
Wir wollen keine Dänen sein,
Wir wollen Deutsche bleiben.

Wir alle sind hier, alt und jung,
Aus deutschem Ton geknetet,
Wir haben deutsch gescherzt beim Trunk,
Und deutsch zu Gott gebetet.
Man soll uns schenken deutschen Wein
Und deutsche Satzung schreiben;
Wir wollen keine Dänen sein,
Wir wollen Deutsche bleiben.

Dem Herzog haben sie gesagt,
Er soll die Zügel schärfen,
Wir würden stumm uns und verzagt
Der Willkür unterwerfen.
Drum singt's in seine Burg hinein,
Daß zittern alle Scheiben:
Wir wollen keine Dänen sein,
Wir wollen Deutsche bleiben.

Nicht sühnt uns fremder Herrschaft Putz
Die eingebornen Schmerzen;
Es grollt der alte Sachsentrutz
Noch heut in unsern Herzen;
Der Albion nahm im blut'gen Reihn,
Kann auch ein Joch zerreiben;
Wir wollen keine Dänen sein,
Wir wollen Deutsche bleiben.

Hie deutsches Land trotz Spruch und Brief!
Ihr sollt's uns nicht verleiden.

Wir tragen Mut im Herzen tief
Und Schwerter in den Scheiden.
Von unsern Lippen soll allein
Der Tod dies Wort vertreiben:
Wir wollen keine Dänen sein,
Wir wollen Deutsche bleiben.

Eine Septembernacht.

> – Unde was de tidt tho
> Lübeck börgermester
> Jürgen Wullenweber;
> de hedde by sik ge-
> swaren, schot unde
> regiment van den
> Oeresundt an the
> hänsischen tho brin-
> gen, unde scholden de
> uth den steden myt
> eren schepen vortan
> nycht enes penniges
> wert an den Dänen
> betalen –
>
> Lübische Chro-
> nik.

Zu Lübeck im Ratskeller saßen spät
Wir Freunde noch beim Wein und tranken,
Wo tief gebräunt die Eichentafel steht
Aus unsres letzten Kriegsschiffs Planken.
Doch galt es heute keinen Zecherspaß,
Kein lustig Liedel, keine Becherfehde;
Es schaute jeder ernst ins grüne Glas,
Und ernst und sinnig floß die Rede.

Wir sprachen von des alten Glanzes Zeit,
Von jenen, die der Hansa Schlachten schlugen,
Wir sprachen von der jüngsten Tage Leid,
Und von der Hoffnung, die wir trugen.
Wohl spürten's alle feierlich und leis,
Wie sich aus Trümmern junges Leben zeuge,
Und stille ward's, als ob in unsern Kreis
Der Schutzgeist unsrer Stadt sich beuge.

Da schlug es Mitternacht. Sie brachen auf,
Wir drückten herzlich uns die Hände;
Mich aber trieb es noch den Gang hinauf,
Die Fässer durch, entlang die schatt'gen Wände.
Ich konnt' an Schlaf nicht denken. Sonst und Heut
Zerfloß in meinen Sinnen lose;
So trat ich ein, gedankenvoll zerstreut,
Ins hallende Gewölb der»Rose«.

Wie kühl, wie stille! Nur mein Fußtritt scholl
Verdreifacht von den Gurten wider;
Ein Schauer wie vor Geisternähe quoll
Geheimnisvoll durch meine Glieder,
Und sieh, ein Lichtschein drang mir wunderbar
Linksher entgegen aus der hohen Nische.
Ich naht' und *stand*. Denn traun, ein seltnes Paar
Erblickt' ich zechend dort am Tische.

Der eine saß, geschmückt nach alter Art
Mit Sammetschaube, Kraus' und Kette,
Umflossen Wang' und Kinn vom blonden Bart,
Die mächt'ge Stirn beschattet vom Barette.
Das blaue Auge zuckt' in scharfem Glühn,
Als hing' ein Weltgeschick an seinem Winken:
So saß er da, gebeugt und dennoch kühn,
Und starrt' in seines Römers Blinken.

Der andre stand, die Hand am Schwertesknauf,
Riesig, vom Haupt zum Fuß in blankem Erze;
Wie Blut an seinem Panzer spielt' herauf
Der rote Flackerschein der Kerze;
Ein wild und rauh Gesicht. Ich spürt' es bald,
Hier war die Faust, *dort* das Ersinnen;
Da, murmelnd, wie der Wind durch Herbstlaub wallt,
Hört' ich des ersten Worte rinnen:

»O Meeresauge, dunkelblauer Sund,
Du felsumstarrte Ostseepforte,
Wie schaut' ich oft hinab in deinen Grund,
Und zwang ins Herz zurück der Sehnsucht Worte!
Dort unten, wo die Welle leiser schoß,

Sah ich den goldnen Zauberschlüssel liegen,
Der uns ein neues Reich erschloß
Von Meeresherrschaft, Glanz und Siegen.

»Ich warb um ihn, wie um den Ring der Braut,
Ich warb auf Leben und auf Sterben.
O hätte mir das blöde Volk getraut!
Den Sieg *erzwingen* mußte solch ein Werben,
Den Sieg der Kampf, der sieben Jahre durch
Im Rat, zur See, im Schlachtfeld grollte,
Der Riesenkampf, der unsrer Hansa Burg
Bis zu den Sternen türmen sollte.

»Sie faßten's nicht, es war für sie zu groß;
Sie zitterten, die Käufer und Verkäufer;
Da führten meine Feinde schlau den Stoß,
Verräter hieß ich, Wiedertäufer.
Sie rissen von den Stufen mich herab,
Sie saßen trotzig zu Gerichte,
Sie brachen über mich den weißen Stab,
Und mehr! – Sie schrieben die Geschichte.

»Dreihundert Jahre sind's, da sprang vom Schlag
Des Beils mein Blut in Strömen vom Schafotte.
Doch war ein Geist des Unheils seit dem Tag
Mit meiner Heimat Heer und Flotte –
Was Menschen bauten, wird des Windes Spiel,
Nur Gottes Ratschluß bleibt beständig;
Die Hansa sank, das *alte* Reich zerfiel,
Doch *Deutschland* steigt empor lebendig.

»Es geht ein heil'ger Sturm von Stadt zu Stadt,
Sie spüren's all, erwacht aus schwerem Traume:
Deutschland ist eins, und jeder ist ein Blatt
Am riesengroßen Wunderbaume.
Schon grollt man jedem fremden Übermut,
Schon zürnt der Süden, ist der Norden frönig;
Hinweg denn mit dem knechtischen Tribut,
Dem Schoß an jenen Inselkönig!

»Frischauf, mein Volk, du großes Vaterland,

Treueinig, wie ich's nimmer durfte schauen!
Vollführe du, was mir im Herzen stand,
Zu Masten laß des Forstes Tannen hauen!
Dein sei der Sund, der dich nach Westen weist,
Der Weg des Meeres dein, ein glorreich Lehen.
Mit Kugeln gib den Zoll! Es soll mein Geist
Am Steuer deines Heerschiffs stehen!«

Er fuhr empor: die beiden stießen an,
Die Schwerter klirrten und die grünen Becher,
Und hastig bis zur Neige stürzten dann
Den Wein hinab die seltnen Zecher.
Da dröhnt' es eins von Sankt Marien Turm,
Die Kerze flackert' und erlosch im Schalle,
Durch Pfort' und Gitter braust' es wie ein Sturm,
Und einsam stand ich in der Halle.

Mir graute nicht. Wohl hatt' ich sie erkannt,
Die Heimgekehrten aus dem Reich der Gräber,
Die mächtigen Gestalten Hand in Hand,
Marx Meier, Jürgen Wullenweber.
Mein Herz schlug kühn, zur Hoffnung hoch erwacht,
Und durch des Herbstes Wind und Blättertreiben
Heim schritt ich froh, um noch in tiefer Nacht,
Was ich vernommen, aufzuschreiben.

An die Gewaltsamen.

Der heil'ge Geist ist Gottes freie Gabe,
Das Wort ein Fels, ein ew'ger. Meint ihr gar,
Daß ihr ihn stützen mögt mit eurem Stabe?

Und dessen Hand ihn hielt zweitausend Jahr,
Daß auch kein Körnchen durfte davon splittern,
Wähnt ihr, er schlafe, weil ihr träumt Gefahr?

Kleingläubige, wie mögt ihr also zittern!
Nein! Laßt die Geister wandeln ihre Bahn!
Klar wird die Luft in Sturm und Ungewittern.

Und schwölle berghoch die Verneinung an
Wie eine neue Sintflut: mag sie schwellen!
Nicht eurem Machtspruch ist sie untertan.

Doch glaubt, ob Menschensatzung mag zerschellen:
Der wahren Kirche dreimal heilig Schiff
Treibt gleich der Arche sicher auf den Wellen,

Und wen die Sehnsucht nach dem Herrn ergriff:
Wie immer auch geheißen sei sein Glaube,
Er mag sich bergen drin vor Flut und Riff.

Und kommen wird der Tag, da bringt die Taube
Den Ölzweig heim: es wurzelt im Gestein
Des Schiffes Kiel, nicht mehr der Flut zum Raube.

Dann wird *ein* Hirt und *eine* Herde sein,
Verlaufen in der Tiefe sind die Wogen,
Verweht vom Winde ist das letzte: Nein!

Und auf den Wolken steht der Friedensbogen.

Menetekel.

1846.

Hei, wie die Tafeln sind geschmückt,
Wie klar die Kerzen erglommen!
Wer singt und lacht und Rosen pflückt,
Der ist zum Fest willkommen.
    Musik erklingt den Saal herauf,
Schöne Mädchen warten auf
In leichten, losen Gewanden.

Sie tanzen um das goldne Kalb,
Sie fallen ihm gar zu Füßen;
Sie rufen: ehe das Laub wird falb,
Hilf du die Lust uns büßen!
    Überschäumt im Kelch der Wein.
Ich drücke mich stumm in den Winkel hinein;
Mir schaudert das Herz im Leibe.

Mir ist's, durchsichtig wird die Wand,
Und draußen dicht und dichter
Da drängen sich bei Fackelbrand
Viel tausend Hungergesichter.
    Durchs Gewühl mit ries'gem Leib
Herschreitet kampfgeschürzt ein Weib
Mit blutrot flatternder Fahne.

Und sieh, der Boden wird zu Glas,
Und drunten seh' ich sitzen
Den Tod mit Augen hohl und graß
Und mit der Sense blitzen;
    Sarg' auf Särgen rings getürmt –
Doch drüberhin wie rasend stürmt
Der Tanz mit Pfeifen und Geigen.

Sie haben Augen und sehen's nicht,
Sie prassen fort und lachen,
Sie hören's nicht, wie zum Gericht
Schon Balk' und Säule krachen;

Lauter jauchzt der Geige Ton –
Ihr Männer, ihr Weiber von Babylon
Mene, Tekel, Upharsin!

Ostermorgen.

Die Lerche stieg am Ostermorgen
Empor ins klarste Luftgebiet,
Und schmettert', hoch im Blau verborgen,
Ein freudig Auferstehungslied,
Und wie sie schmetterte, da klangen
Es tausend Stimmen nach im Feld:
Wach auf, das Alte ist vergangen,
Wach auf, du froh verjüngte Welt!

Wacht auf und rauscht durchs Tal, ihr Bronnen,
Und lobt den Herrn mit frohem Schall!
Wacht auf im Frühlingsglanz der Sonnen,
Ihr grünen Halm' und Länder all!
Ihr Veilchen in den Waldesgründen,
Ihr Primeln weiß, ihr Blüten rot,
Ihr sollt es alle mitverkünden:
Die Lieb' ist stärker als der Tod.

Wacht auf, ihr trägen Menschenherzen,
Die ihr im Winterschlafe säumt,
In dumpfen Lüften, dumpfen Schmerzen
Ein gottentfremdet Dasein träumt.
Die Kraft des Herrn weht durch die Lande
Wie Jugendhauch, o laßt sie ein!
Zerreißt wie Simson eure Bande,
Und wie die Adler sollt ihr sein.

Wacht auf, ihr Geister, deren Sehnen
Gebrochen an den Gräbern steht,
Ihr trüben Augen, die vor Tränen
Ihr nicht des Frühlings Blüten seht,
Ihr Grübler, die ihr fern verloren
Traumwandelnd irrt auf wüster Bahn –
Wacht auf! Die Welt ist neugeboren,
Hier ist ein Wunder, nehmt es an!

Ihr sollt euch all des Heiles freuen,
Das über euch ergossen ward!

Es ist ein inniges Erneuen
Im Bild des Frühlings offenbart.
Was dürr war, grünt im Wehn der Lüfte,
Jung wird das Alte fern und nah,
Der Odem Gottes sprengt die Grüfte –
Wacht auf! der Ostertag ist da.

Gebet.

September 1848.

Herr, in dieser Zeit Gewog,
Da die Stürme rastlos schnauben,
Wahr', o wahre mir den Glauben,
Der noch nimmer mich betrog,

Der noch sieht in Nacht und Fluch
Eine Spur von deinem Lichte,
Ohne den die Weltgeschichte
Wüster Greuel nur ein Buch;

Daß, wo trostlos unbeschränkt
Dunkle Willkür scheint zu spielen,
Liebe doch nach ew'gen Zielen
Die verborgnen Fäden lenkt;

Daß, ob wir nur Einsturz schaun,
Trümmer, schwarzgeraucht vom Brande,
Doch schon leise durch die Lande
Waltet ein geheimes Baun;

Daß auch in der Völker Gang
Wehen denken auf Gebären,
Und wo tausend weinten Zähren,
Einst Millionen singen Dank;

Ja, daß blind und unbewußt
Deiner Gnade heil'gen Schlüssen
Selbst die Teufel dienen müssen,
Wenn sie tun nach ihrer Lust.

Herr, der Erdball wankt und kreißt;
Laß, o laß mir diesen Glauben,
Diesen starken Hort nicht rauben,
Bis mein Geist dich schauend preist!

Geduld.

Frühjahr 1849.

So schwankst du wieder als ein Rohr, dahin-
Gegeben in des Windes Zorn und Huld?
Hast du noch immer nicht, mein trotz'ger Sinn,
    Erlernt Geduld?

Magst du in goldnen Zukunftsträumen stehn,
Magst hin du weinen sonder Licht und Rat:
Geduld! Geduld! – die ew'gen Sterne gehn
    Doch ihren Pfad.

Und der die Bahnen ihnen auserwählt
Und sie bewegt mit seines Mundes Hauch,
Er hat die Tränen deines Volks gezählt,
    Und deine auch.

Er hält der Zeiten Wag' und wägt genau,
Und was sie sinnen, er nur gibt den Schluß;
Kein Stein wird fallen, der für seinen Bau
    Nicht fallen muß.

Stehst du mit ihm in Frieden, magst du fest
Des Weltgangs Brausen hören fern und nah:
Dir ist der Tag, was er auch werden läßt,
    Zum Segen da.

Drum hoff' auf ihn, und bänd'ge deinen Zwist,
Und was dir fehlschlug, hoffe stets aufs neu':
Sein Nam' ist Kraft und Wunder und er ist
    Allein getreu.

Den Dichtern.

1849.

Ihr Sänger, denen auf die Brauen
Einst süßer Tau des Himmels fiel,
Daß ihr im dunkeln Heut zu schauen
Vermögt der Zukunft Farbenspiel,
Auf, jetzt gedenkt, wie euch gegeben
Ein Heilsamt aller Sühnung voll,
Und laßt das Lied erhabner schweben,
Als dieser Tage Lieb' und Groll!

Zum wüsten Kampf nicht, der die Stufen
Noch blind umtobt mit Schwert und Brand,
Zur Tempelwacht seid ihr berufen,
Und auf den Höhn ist euer Stand.
Wenn alle schwanken, trutzen, zagen
Beim jähen Wetterschlag der Zeit,
Sollt ihr in freier Seele tragen
Das Maß und die Gerechtigkeit.

Die heil'gen Schätze sollt ihr hüten,
Die fromm die Väter aufgehäuft,
Des Herzens keusche Wunderblüten,
Den Glauben, der von Frieden träuft.
Ihr sollt durch diese Zeit von Eisen
Forttragen im gediegnen Wort
Als hochbegnadigte Templeisen
Der Schönheit Licht, des Geistes Hort.

Nicht dürft ihr euch vor Thronen beugen,
Noch knien, wo der Pöbel kniet;
Die ew'ge Wahrheit braucht der Zeugen,
Und Opferfeuer sei das Lied,
Daß, wenn dereinst nach Sturm und Fluten
Erscheint des Friedensbogens Tag,
Das Volk an euern *reinen* Gluten
Der Freiheit Fackel zünden mag.

Hinweg drum mit des Grimmes Falten,
Mit Schellenklang und Brunst und Lug!
Wie mag der Arm die Wage halten,
Der mit dem Schwert den Bruder schlug?
Wie mag den Kelch des Segens spenden,
Wer selbst am Mahl der Sünde zecht?
Rein sollt ihr sein an Herz und Händen,
Ihr seid ein priesterlich Geschlecht.

Und will euch schier die Kraft versiegen,
Und schwankt euch in der Brust das Herz:
Gebete, die zum Himmel fliegen,
Ziehn Feuerzungen niederwärts;
Und aus der Schöpfung heil'gem Leben,
Aus ihrer ewig heitern Ruh'
Strömt mit geheimnisvollem Weben
Verjüngung euch und Klarheit zu.

Geht hin zum Meer in Abendgluten,
Geht hin zum Wald und rüstet euch!
Der Geist schwebt heut noch auf den Fluten,
Noch heute flammt's im Dorngesträuch;
Da wird in ahnungsvollem Segen
Der Herr euch nah sein, nah und hold,
Und wird euch auf die Lippen legen,
Was ihr dem Volk verkünden sollt.

Eigene Buchreihe oder eigenen Verlag gründen

Seit 2009 bietet tredition sein Verlagskonzept auch als sogenanntes "White-Label" an. Das bedeutet, dass andere Unternehmen, Institutionen und Personen risikofrei und unkompliziert selbst zum Herausgeber von Büchern und Buchreihen unter eigener Marke werden können. tredition übernimmt dabei das komplette Herstellungs- und Distributionsrisiko.

Zahlreiche Zeitschriften-, Zeitungs- und Buchverlage, Universitäten, Forschungseinrichtungen u.v.m. nutzen diese Dienstleistung von tredition, um unter eigener Marke ohne Risiko Bücher zu verlegen.

Alle Informationen im Internet: **www.tredition.de/fuer-verlage**

tredition wurde mit mehreren Innovationspreisen ausgezeichnet, u. a. mit dem Webfuture Award und dem Innovationspreis der Buch Digitale.

tredition ist Mitglied im Börsenverein des Deutschen Buchhandels.

Dieses Werk elektronisch lesen

Dieses Werk ist Teil der Gutenberg-DE Edition DVD. Diese enthält das komplette Archiv des Projekt Gutenberg-DE. Die DVD ist im Internet erhältlich auf **http://gutenbergshop.abc.de**